ALBERT MATHIEZ

LE ORIGINI DEI CULTI RIVOLUZIONARI

(1789 – 1792)

A&P

Titolo originale:
Les origines des cultes révolutionnaires (1789-1792)

Mémoire présenté comme seconde thèse de doctorat à la Faculté des lettres de l'Université de Paris.

SOCIÉTÉ NOUVELLE DE LIBRAIRE ET ÉDITION
    (LIBRAIRE GEORGE BELLAIS)
        1904

Curatore: Aurelio Picco
Traduzione: Aurelio Picco
Revisione della traduzione: Paola Marletta

A&P – Milano - © settembre 2012 – Prima edizione

ISBN 978-88-905061-6-1

I

LA RELIGIONE RIVOLUZIONARIA

I

Il punto di vista negativo nello studio dei culti rivoluzionari.

Per lungo tempo, la maggior parte degli storici non ha visto nei culti rivoluzionari che delle costruzioni posticce, immaginate dai politici, per i bisogni delle circostante. Anche quelli che amano proclamarsi discepoli degli uomini dell'89 prendono seriamente questi tentativi e, di conseguenza, non si mettono pressoché mai nel punto di vista propriamente religioso per studiarli e per giudicarli. Il culto della Ragione, il culto dell'Essere supremo, la Teofilantropia[1], il culto delle decadi[2] non sono per loro che dei capitoli di storia politica della Rivoluzione, che episodi della lotta dei «patrioti» contro i partigiani dell'Ancien Régime. Poiché queste religioni sono ben presto scomparse, non è raro che le si passi completamente sotto silenzio o, il che è peggio, che si faccia loro, a quelle effemeridi, l'elemosina di una citazione sdegnosa per diver-

---

[1] (N.d.R.) La Teofilantropia, posta come alternativa al credo cristiano nel corso della Rivoluzione, proponeva il culto di una religione «naturale». Fondatore fu Jean-Baptiste Chemin-Dupontes (1760 ? – 1852 ?) che aveva compiuto studi di teologia in seminario. Le idee furono esposte nel *Manuel des théophilanthropes* e proponevano una religione «ragionevole» in grado di conciliare l'uomo con tutte le chiese, proscrivendo tutte le controversie teologiche. I due dogmi «socialmente utili» erano l'esistenza di Dio e l'immortalità dell'anima. La morale era fondata sulle «leggi naturali», essendo in grado la coscienza di giudicare il bene e il male, come i doveri dell'uomo verso la sua patria. Le cerimonie mettevano in scena il Culto della Ragione e dell'Essere supremo e tra i principali organizzatori vi fu Rabaut de Saint-Étienne. Sull'argomento lo stesso Mathiez ha dedicato il volume *La Théophilanthropie et le culte décadaire, 1796-1801*, Parigi, Félix Alcan éditeur, 1904.

[2] (N.d.R.) Nel culto delle decadi le tradizionali feste cristiane (Natale, Pasqua, etc.) venivano sostituite con feste rivoluzionarie. La formulazione in decadi del calendario aveva, durante la Rivoluzione, sostituito la settimana.

tirsi a loro spese. Lo storico è volentieri rispettoso di ciò che dura.

Quanto agli scrittori cattolici, si occupano dei culti rivoluzionari unicamente per descrivere le persecuzioni di cui fu oggetto la loro religione e per erigere il martirologio delle loro vittime. Trasportati dal loro zelo confessionale, normalmente prendono in considerazione dell'opera religiosa della Rivoluzione unicamente il dettaglio meschino e odioso.

Gli storici liberali.

Tra gli storici cosiddetti liberali, Thiers consacra dieci righe piene di errori ai teofilantropici, «quei ridicoli settari che celebravano delle feste in onore di tutte le virtù, del coraggio, della temperanza, della carità, etc., e, certi giorni, depositavano dei fiori sugli altari dove altri avevano celebrato la messa». Ovviamente, approva Bonaparte per aver messo fine alle loro sacrileghe commedie. «Per i sinceri cattolici – dice – era una profanazione degli edifici religiosi che il buon senso e il rispetto dovuto alle credenze dominanti imponeva di far cessare[3]».

Quinet[4], con una cruda ironia, contrappone il coraggio di Lutero con la timidezza di Danton e di Robespierre. Nega ai fondatori dei culti rivoluzionari il profondo sentimento religioso che animava, se ci si crede, le riforme del XVI secolo. Svilisce il culto della Ragione, quella religione da attore, inventata da Hébert, mercante di falsi. Bisogna sentirlo canzonare a freddo le abitudini classiche, la frivolezza di spirito di quei rivoluzionari che si immaginano di sotterrare i vecchi culti con la canzone di Marlborough[5], di quei terroristi che esitano a impiegare la violenza contro il cattolicesimo e finalmente salvano la contro rivoluzione con il loro pusillanime decreto del 18 frimaio! «Quel giorno – esclama amaro e trionfante – fecero di più per la vecchia religione che i San Dominico e i Torquemada![6]».

[3] *Consulat et Empire*, ed. 1874, tomo II, p. 163.

[4] (N.d.R.) Edgard Quinet (1803-1875). Scrittore e storico di fede repubblicana, Quinet, con l'avvento di Napoleone III scelse la via dell'esilio a Ginevra, nel 1852, per rientrare in patria solo nel 1870. Numerosi i suoi scritti e sul tema in particolare si ricorda *La Révolution*, che influenzò tutta una generazione di repubblicani negli anni '60.

[5] (N.d.R.) Si riferisce alla canzone popolare francese *Malbrough s'en va-t-en guerre* (*Mort et convoi de l'invincible Malbrough*), che ha come protagonista John Churchill, primo duca di Marlborough (1650-1722), e che in Francia veniva intonata per canzonare il nemico.

[6] Quinet, edizione del centenario, tomo II, pp. 57-97.

Rincarando Quinet, il suo correligionario Ed. de Pressensé scocca i suoi strali più pungenti contro i culti rivoluzionari e soprattutto contro la Teofilantropia, «pietosa commedia», «idiota pastorale[7]».

Michelet[8], è vero, consacra belle pagine liriche alle Federazioni, che considera, con ragione, come la prima manifestazione di una nuova fede. Meglio di chiunque altro, ha intuito il carattere religioso delle grandi scene della Rivoluzione. Ma lo ha solo intuito. La continuità della religione rivoluzionaria gli sfugge. Crede, anche lui, che i differenti culti, che ne furono la manifestazione esteriore, furono immaginati da tutte le parti da dei politici maldestri infinitamente poco capaci di creazione[9].

E. Gachon[10] è forse uno di quelli che hanno meglio capito ciò che vi era di nobile e di serio nei tentativi rivoluzionari per fondare una religione civica. Ma sembra guidato nel suo libro (semplice riassunto di una parte della *Histoire des Sectes* di Gregoire) più dal pensiero degli interessi del protestantesimo che dal solo desiderio di fare un'opera storica. Non si accorge del vero carattere della religione rivoluzionaria, di cui la Teofilantropia, come il culto della Ragione o il culto dell'Essere supremo, non furono che delle forme temporanee.

Non è ad Aulard[11], l'ultimo e il primo storico del culto della Ragione e del culto dell'Essere supremo, che possiamo rimproverare di essersi lasciato trascinare da altra preoccupazione se non quella della verità. Ha ben visto l'importanza storica dei culti rivoluzionari, poiché non ha esitato a scrivere che il movimento dal quale sono nati è uno «dei più curiosi della storia della

---

[7] L'Église et la Révolution française. Histoire des relations de l'Église et de l'État de 1789 à 1802, 2ª edizione (1867). Vedere libro III, cap. III, pp. 351-354.

[8] (N.d.R.) Jules Michelet (1798-1874). Punto di riferimento per generazioni di studiosi, Michelet è tra i storici francesi dell'Ottocento, dotato di una non comune capacità narrativa, anche se talvolta a scapito del rigore scientifico e di una visione obiettiva degli avvenimenti.

[9] Michelet, libro XIV, cap. I.

[10] *Histoire de la Théophilanthropie*, 1870, in 8°.

[11] Alphonse Aulard (1849-1928). Primo titolare della cattedra di storia alla Sorbona, fu anche tra i primi storici della Rivoluzione in particolare con la sua *Histoire politique de la Révolution française*. Peraltro fu, nel 1908, in conflitto con Mathiez, che era stato suo allievo, sulla valutazione di Hippolyte Taine, precedente storico della Rivoluzione.

Francia e dell'umanità[12]». Vi vede «non solamente un tentativo filosofico e religioso, senza radici nel passato della Francia e senza connessioni con gli avvenimenti, non una violenza fatta alla storia e alla razza, ma la conseguenza necessaria o, piuttosto, politica, dello stato di guerra, dove la resistenza dell'ancien régime contro lo spirito nuovo aveva gettato la Rivoluzione . . .». Altrimenti detto, pensa che i nostri padri, «mettendo sul trono la dea della Ragione a Notre-Dame, o glorificando il Dio di Rousseau al Campo di Marte, si proponevano soprattutto uno scopo *politico* e, perlopiù, non cercavano in queste imprese contro la religione ereditaria, come del resto nei loro atteggiamenti di violenza o verbali, che un espediente di difesa nazionale[13]».

Ecco dunque la netta continuità tra i culti rivoluzionari, che nacquero da una stessa ispirazione, da uno stesso bisogno, l'amore di patria. Con questa spiegazione, l'essenziale in questi tentativi religiosi non è più la lotta contro la Chiesa, ma la difesa della nuova Francia. Su questo punto sono pienamente d'accordo con Aulard, ma credo che ci sia un passo in più da fare, che bisogna collegare il movimento da dove è uscito il culto della Ragione alla grande corrente delle Federazioni e che sia possibile stabilire in modo più preciso ciò che vi è di essenziale e di comune in tutti i culti rivoluzionari. Sì, è l'amore di patria la parte viva della religione rivoluzionaria, Aulard ha ragione ad affermarlo, ma un amore di patria inteso in un modo assai ampio, un amore di patria che ingloba con il suolo nazionale la stessa istituzione politica.

Gli storici cattolici.

Per gli scrittori cattolici, è l'odio e non l'amore che ha dato la nascita ai culti rivoluzionari, l'odio forsennato contro la Chiesa cattolica.

Grégoire[14], nella sua confusa ma preziosa *Histoire des Sectes*, distingue appena tra le invenzioni di Hébert, di Robespierre, di La Révellière-Lépeaux, confonde i periodi, classifica arbitrariamente i fatti, volendo solo mettere in rilievo la violenza della «persecuzione».

Jules Sauzay, nella sua grande *Histoire de la persécution révolutionnaire dans le Doubs*, così solidamente documentata, e Ludovic Sciout, nelle sue diverse opere, non sono animati da un differente spirito.

L'abate Sicard è il primo degli scrittori cattolici che sia entrato un po' in profondità nello studio della religione rivoluzionaria e, a questo proposito, il

---

[12] Aulard, *Le Culte de la Raison e le Culte de l'Être Suprème*, 1862, in 12°, p. VIII.

[13] *Ibid.*, p. VIII.

[14] (N.d.R.) Henri Jean-Bapiste Grégoire (1750-1831). Conosciuto anche come l'abate Grégoire, fu una delle figure emblematiche della Rivoluzione.

suo libro *A la recherche d'une religion civile*[15] merita che ci soffermiamo. Con ogni probabilità, confonde sovente le epoche, generalizza e sistematizza, ma ha ben sottolineato l'importanza che ebbero sino alla fine le feste civiche, le «istituzioni», agli occhi dei rivoluzionari di tutti i partiti e ha dimostrato con molta forza che lo scopo che si proponevano non era tanto quello tanto di distruggere il cattolicesimo o di sostituirlo, ma ebbero l'ambizione di rigenerare l'animo francese, di rifondarlo con delle istituzioni con una nuova impronta. Non senza intelligenza ha provato ad analizzare questo ideale comune a tutti i rivoluzionari, a individuare i dogmi della religione civile che si sforzarono di istituirlo, a descrivere i suoi riti, la sue cerimonie, i suoi simboli. Ma se ha ben messo in luce la parte positiva della religione rivoluzionaria, la considera anche lui una creazione artificiale dei politici. Non vi ha visto la sua origine spontanea, né il suo carattere mistico, né la sua stessa vitalità. In una parola, la religione rivoluzionaria non è ai suoi occhi una vera religione.

II

Carattere del fatto religioso. Definizione di Durkheim[16].

Cos'è dunque la religione? Quali sono i segnali dove riconosciamo i fenomeni religiosi[17] e troviamo questi segnali nelle diverse manifestazioni delle fede rivoluzionaria?

In una ottima memoria comparsa in *Année Sociologique*[18] , Émile Durkheim ha definito in un modo molto originale e con argomenti alquanto solidi ciò che bisogna intendere per religione e fatti religiosi.

L'idea del soprannaturale, spiega prima di tutto, la fede in Dio non hanno avuto nelle manifestazioni religiose il ruolo preponderante che a loro si attribuisce normalmente. Ci sono, in effetti, delle religioni come il buddismo, il

---

[15] 1895, in 8°.

[16] (N.d.R.) Émile Durkheim (1858-1917). Autore fondamentale, iniziatore della sociologia e dell'antropologia del XX secolo, Durkheim fu il primo a vedere il rapporto esistente tra la religione e la struttura dei gruppi sociali.

[17] È ovvio che noi qui consideriamo i fenomeni religiosi come fenomeni sociali, e che lasciamo da parte la «religione interiore», sentimento individuale, concezione cara a molti protestanti.

[18] Con questo titolo: De la définition des phénomès religieux, *Année sociologique*, tomo II, Parigi, 1899, in 8°.

giainismo, che offrono agli uomini un ideale tutto umano. L'idea di Dio è bandita dai loro dogmi essenziali. Nei culti totemici l'oggetto della venerazione è una specie di animale o vegetale! Nei culti agrari è su una cosa materiale, sulla vegetazione, per esempio, che si esercita direttamente l'azione religiosa, senza l'intervento di un principio intermediario e superiore. Durkheim trae da questi fatti la conclusione che «lontano dall'essere ciò che vi è di fondamentale nella vita religiosa, la nozione di divinità non è in realtà che un episodio secondario».[19]

È per la loro forma, non per il loro contenuto che si riconoscono i fenomeni religiosi. Poco importa l'oggetto sul quale si applicano, che questo oggetto sia una cosa, una nozione dello spirito, un'aspirazione soprannaturale, «si chiamano fenomeni religiosi le credenze obbligatorie, così come le pratiche relative agli oggetti compresi in queste credenze[20]». Credenze obbligatorie per tutti i membri del gruppo, ecco il primo carattere del fatto religioso. Pratiche esteriori egualmente obbligatorie al culto, tale è il secondo carattere. «Le credenze comuni di ogni specie, relative a degli oggetti *laici* in apparenza, come le bandiere, la patria, date forme di organizzazione politica, dati eroi o avvenimenti storici, etc., sono in qualche modo obbligatori e solo per questo sono comuni, poiché la comunità non tollera senza resistenza che le si neghi apertamente . . . Esse sono in una certa misura inscindibili dalle credenze propriamente religiose. La patria, la Rivoluzione francese, Giovanna d'Arco sono per noi delle *cose sacre*, che non permettiamo ad alcuno di toccare[21]».

È vero che per formare una vera religione, queste credenze obbligatorie dovranno essere strettamente legate a delle corrispondenti pratiche regolari.

Così Durkheim considera la religione come un fatto sociale che non ha nulla di misterioso. Il fatto religioso è di tutte le epoche e di tutte le civiltà. Si manifesta nelle società all'apparenza più agnostiche, le più irreligiose. Ha per origine, non dei sentimenti individuali, ma degli stati d'animo collettivi e muta come questi stati[22]. Essendo essenzialmente umano, il fatto religioso è eterno. Durerà quanto tempo vi saranno degli uomini. È la società che prescrive ai fedeli i dogmi ai quali deve credere e i riti che deve osservare. «Riti e dogmi sono la sua opera[23]». La nozione di sacro è di origine sociale. Studian-

---

[19] Op. cit., p. 13.

[20] *Ibid.*, p. 21.

[21] *Ibid.*, p. 20.

[22] *Ibid.*, p. 28.

[23] Op. cit., p. 24.

dola da vicino, vediamo che essa non è «che un prolungamento delle istituzioni pubbliche[24]».

Altri caratteri del fatto religioso

A questa definizione, che ho fatto mia, aggiungerei questi tratti. Il fenomeno religioso si accompagna sempre, nel suo periodo di formazione, ad una sovraeccitazione generale della sensibilità, da un vero afflato verso la felicità. Inoltre, pressoché immediatamente, le credenze religiose si concretizzano in oggetti materiali, in simboli, che sono allo stesso tempo dei segni di adesione per i credenti e una sorta di talismani, nei quali mettono le loro speranze più intime e che, conseguentemente, non sopportano siano disprezzati o misconosciuti. Molto spesso, ancora, i credenti, soprattutto i neofiti, sono animati da una rabbia distruttiva contro gli altri culti. Spesso, infine, fanno ostracismo, quando ne sono in grado, verso tutti coloro che non condividono la loro fede, che non adorano i loro simboli e li colpiscono, per questa sola colpa, con pene speciali, li mettono al di fuori della legge della comunità di cui fanno parte.

III

L'esistenza di una religione rivoluzionaria

Se dimostro che i rivoluzionari, che i «patrioti», come amavano chiamarsi, hanno avuto, nonostante le loro divergenze, un fondo di credenze comuni, se hanno simbolizzato le loro credenze con segni di unione per i quali professarono una sincera affezione, se hanno avuto delle pratiche, delle cerimonie comuni dove amavano ritrovarsi per manifestare una fede comune, se hanno voluto imporre le loro credenze e i loro simboli a tutti gli altri francesi, se sono stati animati da un furore fanatico contro tutto ciò che richiamava le credenze, i simboli, le istituzioni che volevano sopprimere o rimpiazzare, se dimostro tutto ciò, non avrei il diritto di concludere che è esistita una religione rivoluzionaria, analoga nella sua essenza a tutte le altre religioni? E se è così, come continuare a non vedere nei culti rivoluzionari, non so quali costruzioni finte, quali espedienti improvvisati, quali strumenti effimeri al servizio dei partiti politici?

---

[24] *Ibid.*, p. 23.

Checché ne abbia detto Edgar Quinet, mi propongo esattamente di far vedere che per la sincerità religiosa, per l'esaltazione mistica, per l'audacia creatrice, gli uomini della Rivoluzione non cedono nulla agli uomini della Riforma e che queste due grandi crisi, Riforma e Rivoluzione, non sono una sociale e l'altra religiosa allo stesso grado.

Ma, non si mancherà di obiettarmi immediatamente che i protestanti esistono ancora, il culti rivoluzionari sono scomparsi. A questo rispondo fin da ora che la religione rivoluzionaria non è così completamente estinta come immaginiamo, che i culti rivoluzionari potrebbero ben rinascere un giorno sotto nuove forme e rispondo anche che la sconfitta religiosa della Rivoluzione non può togliere alla Rivoluzione il carattere religioso. La Riforma, anch'essa, prima di riuscire, non era fallita più volte con Valdès, Hus e Wyclif?

IV

Il Credo comune dei rivoluzionari – Le sue origini nella filosofia del XVIII secolo

Per differenti che siano stati gli uni dagli altri e qualunque sia la distanza che separa un Robespierre da un Chaumette, da un Danton, da un Boissy d'Anglas, nondimeno i rivoluzionari hanno vissuto su un fondo di idee e di credenze, su un formulario, su un credo più o meno consistente che è facile trovare in tutti loro pressoché identico. I principi ultimi dei loro giudizi in politica come nella religione, le tendenze direttrici del loro animo, le grandi linee dell'ideale che sognano, tutto questo è uscito direttamente dalla filosofia del XVIII secolo. E so bene che i filosofi stessi non si sono concertati né intesi su un programma preciso, e non ho timore nel riconoscere le loro divergenze talvolta profonde, ma non è men vero che prendendoli un po' dall'alto e nell'insieme, emerge dalle loro opere un comune insegnamento, delle aspirazioni comuni.

Tutti si sono preoccupati, al più alto livello, di ciò che noi oggi chiamiamo la questione sociale. Tutti hanno più o meno costruito la loro città futura, tutti hanno creduto all'onnipotenza delle *istituzioni* sulla felicità degli uomini. Più di chiunque, Montesquieu ha il sentimento della grandezza dell'organizzazione sociale, dalla quale fa discendere la morale stessa. Crede che siano sufficienti a proposito le leggi per migliorare la società e anche per rigenerarla. Gli enciclopedisti non pensano in altro modo. Attendono dalle leggi la riforma e l'ordinamento dei costumi. Ad ascoltarli, tra gli uomini ci sono molto meno differenze di quanto si creda, e queste differenze possono essere attenuate sempre di più con l'educazione. J. J. Rousseau afferma il diritto, allora nuovo e anche inaudito, dello stato che distribuisce l'istruzione pubblica. Con le leggi da una parte, con l'educazione dall'altra, il progresso è possibile e la strada della felicità è alla fine. Ora, la felicità è lo scopo dell'associazione politica.

Tale è la grande idea essenziale della filosofia del XVIII secolo: *l'uomo può migliorare indefinitamente la sua condizione modificando l'organismo sociale.*

L'organismo sociale può e deve essere strumento di felicità; da strumento di felicità a oggetto di venerazione, di culto, il passo è breve.

Opposizione dell'ideale filosofico e dell'ideale cristiano

Una simile concezione non poteva mancare, un giorno, di essere in disaccordo con il vecchio ideale cristiano. Per il cristiano, infatti, la vita in terra non è che una valle di lacrime nella quale non si può assaporare la vera felicità, che Dio riserva nell'altro mondo ai suoi eletti. Per il cristiano lo strumento della felicità non potrebbe essere l'istituzione sociale, «il mio regno non è di questo mondo»; lo strumento della felicità è l'istituzione religiosa. È la Chiesa, intermediario e tramite della Divinità; la Chiesa che, sola, possiede le ricette sacre per raggiungere la potenza soprannaturale; la Chiesa che rivela i santi misteri, distribuisce i sacramenti, riconcilia la creatura e il Creatore, apre o chiude la strada delle supreme beatitudini. Ecco che una nuova dottrina insegna che la ricerca della felicità è opera umana. Che la felicità può essere ottenuta non più con le preghiere, le mortificazioni, le intercessioni miracolose, ma con dei voti, delle deliberazioni, delle leggi!

Probabilmente la nuova concezione non abolisce completamente la vecchia A fianco della ricerca della felicità presente, c'è ancora posto per la ricerca di una felicità futura. All'inizio, perlomeno, la religione rivoluzionaria contò dei sinceri cristiani tra i suoi fedeli. Ma, per l'evolversi degli avvenimenti sembrano incompatibili: se il clero della vecchia si mette di traverso all'opera dei fondatori della nuova, allora si farà la scissione. I francesi si divideranno in due campi e i due culti si tratteranno da nemici.

La concezione dello Stato da parte dei filosofi

Innovatori per tanti versi, i filosofi sono tuttavia rimasti uomini del loro tempo, degli uomini dell'ancien régime. Come tutti i francesi di allora, hanno la passione dell'unità. Vivono in mezzo a una società che è rimasta, almeno nei suoi principi, armonica. Vedono attorno a loro che l'istituzione politica e l'istituzione religiosa si prestano mutuo appoggio, che il trono è appoggiato all'altare.

Che se ne rendano più o meno conto, costruiscono la loro città futura con gli elementi della città presente. Partigiani risoluti della tolleranza religiosa, della libertà di tutti i culti, tuttavia non concepiscono uno stato che si disinteressi delle religioni, uno stato senza religione, uno stato neutro, laico. Se sono tolleranti, non è per indifferenza religiosa, è che sono convinti, la maggior parte, dell'identità fondamentale di tutte le religioni, ritengono che tutte le religioni siano valide, tutte insegnano la stessa morale. Questo fondo comune delle religioni, deve essere sorvegliato dallo Stato affinché nessuno vi possa attentare. Lo Stato, per i filosofi, deve costituirsi come il guardiano supremo della morale e della religione. Ed è precisamente per quello, perché lo Stato ha una missione morale da compiere, che sono disponibili a subordinargli le religioni e a dargli su di esse come un diritto di censura. «Lo Stato, mi sembra, - dice l'abate Raynal − non è fatto per la religione, ma la religione è fatta per lo stato» E, del resto: «quando lo Stato si è pronunciato, la Chiesa non ha più niente da dire[25]».

La religione civile di Rousseau

Tutti i filosofi, in fondo, concordano su questa concezione dello Stato[26]; ma nessuno di essi l'ha esposta in modo più preciso e più sistematico di Jean-Jacques Rousseau nel suo *Contratto Sociale*. Per Rousseau, lo Stato deve essere prima di tutto una personalità morale. Il *Contratto* che gli dà l'esistenza, l'essere, è *santo*, questo non vuole solo dire «obbligatorio e imperativo[27]», ma degno di rispetto religioso, come una cosa naturalmente votata a fare del bene all'umanità.

Persona morale, lo Stato ha dei doveri morali da compiere. Il primo dei suoi doveri è, giustamente, di preparare la felicità dei suoi membri in ogni senso. Il fine dello Stato è il *bene comune*[28]. Lo Stato è materia e strumento di felicità come la religione. Il suo contratto costitutivo è santo per definizione, perché se questo contratto non fosse santo, vale a dire conforme alla legge morale, espressione definitiva della felicità comune, non potrebbe dare la nascita a un vero Stato, a uno Stato legittimo, a una persona morale.

Come lo Stato adempierà alla sua missione morale e provvidenziale? Con la legge. La legge è il mezzo attraverso il quale lo Stato persegue il suo fine, che è la felicità comune. La legge è per definizione l'espressione della volontà

[25] Citato da Aulard, *Le culte de la Raison . . .*, p. 8 e 10.

[26] Vedere i testi riuniti da Aulard nel capitolo primo del suo *Culte de la Raison: Les Philosophes*.

[27] Come spiega l'ultimo editore del *Contratto*, Georges Beaulavon (Parigi, 1903, in 8°), p. 133, nota 1.

[28] Libro 1°, cap. 1°, p. 145 dell'edizione Beaulavon.

generale, che è essa stessa identica all'interesse generale. Gli uomini, essendo corrotti, sono incapaci di comprendere il loro vero interesse e, quindi, di avere una volontà generale conforme al bene comune e, ancora, di fare essi stessi la legge. Si farà pertanto ricorso a degli uomini elevati per la loro intelligenza e la loro moralità al di sopra dell'umanità, a dei *legislatori* che prepareranno nel raccoglimento il Contratto sociale, la Costituzione ideale, la Legge. «Ci vorrebbero degli dei per dare delle leggi agli uomini.» (Libro II, cap. VII). «Colui che osa istituire un popolo deve sentirsi in condizione di cambiare, per così dire, la natura umana . . .» (*ibid.*). Il legislatore proporrà la legge al popolo come Mosè l'ha proposta agli ebrei (come Rousseau l'ha proposta ai polacchi e ai corsi). Questa legge porterà essa stessa una tale forza persuasiva che sarà, non solo adottata dal popolo, ma da lui venerata, se non alla maniera di un dono soprannaturale, perlomeno come l'espressione di «una ragione sublime».

Non c'è posto in una simile concezione dello Stato per delle particolari religioni. Rousseau disapprova la separazione del sistema politico e del sistema religioso, risultato del trionfo del cristianesimo (libro IV, cap. III).

Come Hobbes, vuole «le due teste dell'aquila e riportare il tutto all'unità politica, senza la quale mai Stato né governo sarà ben costituito». I sansimoniani e Auguste Comte avranno lo stesso sogno.

Ma nella pratica come sopprimere l'opposizione dei due reami, dello spirituale e del temporale, e restituire allo Stato le attribuzioni morali delle quali la Chiesa lo ha spogliato? Rousseau risponde: con la religione civile. Non si tratta assolutamente di creare di sana pianta una nuova religione. Assolutamente.

La religione civile di Rousseau non deve essere creata, è sempre esistita, è vecchia come l'uomo stesso, è il fondo comune di tutte le religioni, di tutte le società. Una società non può vivere senza un minimo di postulati accettati come d'istinto da tutti i membri ed è là, per dirlo di sfuggita, una visione molto profonda. Per fondare la religione civile che darà allo Stato la forza morale che gli è necessaria, il legislatore dovrà solo liberare dalla massa di superstizioni e pregiudizi che li hanno ricoperti qualche postulato semplice, indiscutibile che si ritrova alla base dell'umanità: «l'esistenza della Divinità potente, intelligente, benefica, previdente e preveggente la vita futura, la felicità dei giusti, il castigo dei cattivi, la santità del Contratto sociale e delle leggi . . .»

Rousseau spera – senza che lo dica apertamente – che questa religione civile o naturale soppianterà a poco a poco, rendendole inutili, le religioni positive, tutte incivili. Il suo Stato è al tempo stesso religioso per la missione morale che è la sua ragion d'essere e antireligioso per la sua azione necessaria, benché tollerante, contro i vecchi culti che sono altrettanti ostacoli al compimento della sua missione.

Questa interpretazione del *Contratto* è valida, si comprende meglio, mi sembra, se si pone la religione civile nell'insieme del sistema. La legge è la volontà generale, dice Rousseau, ma perché la legge sia realmente la volontà generale, perché non opprima gli individui, bisogna che sia, per quanto possibile, accettata da essi liberamente e consapevolmente. Come potrà esserlo se non vi è un accordo preliminare tra loro sui principi stessi della società? Tutto si basa dunque logicamente su questa concezione. Togliete la religione civile allo Stato di Rousseau e gli toglierete allo stesso tempo la possibilità, l'essere.

Questa concezione dello Stato non era né originale né singolare al suo tempo. Tutti i filosofi del XVIII secolo l'hanno ammessa implicitamente. Tutti hanno creduto che la legge potesse e dovesse essere strumento di felicità, tutti hanno proclamato che lo Stato aveva una missione morale da compiere.

Con quale diritto avrebbero potuto mettere la Chiesa sotto la sorveglianza dello Stato se non avessero attribuito a questo un ideale superiore?

I rivoluzionari non fecero che applicare nelle loro costituzioni e nelle loro leggi queste teorie che, senza essere specifiche di Rousseau, non sono state esposte da nessuno con lo stesso rigore. L'istituzione dei loro culti civici non sarà che la rappresentazione imprevista e pressoché incosciente, poi voluta e sistematica dell'ultimo capitolo del *Contratto sociale*.

V

Le fede rivoluzionaria, le sue prime manifestazioni

La convocazione degli Stati Generali diede alle dottrine dei filosofi, che aleggiavano, l'occasione di entrare nella pratica, di subire la prova dei fatti, e le trasformò a poco a poco da semplici vedute dello spirito, quali ancora erano, in vere credenze religiose.

All'inizio dell'89, sembra che i francesi, in preda a un incredibile entusiasmo, vivano nell'attesa di un miracolo che deve cambiare la faccia della terra. I deputati, che hanno mandato agli Stati Generali, sono gli artigiani di questo miracolo ... Hanno ricevuto la missione di operare la *rigenerazione*, non solo dei loro concittadini, ma dell'intera specie umana. La parola *rigenerazione* ritorna incessantemente in tutti i documenti dell'epoca, sotto la penna dei più dotti come dei più ignoranti e, in particolare, nelle centinaia di indirizzi all'Assemblea nazionale.

Il legislatore sacerdote della felicità sociale

I primi atti dei «legislatori», è così che chiamano i sacerdoti della felicità sociale, la loro resistenza ai progetti degli aristocratici, il 14 luglio, la notte del 4 agosto[29] non fanno che giustificare e accrescere la fiducia mistica che il popolo ha posto in loro. A quelli tra loro, anche i più umili, che muoiono, vengono prodigati onori funebri. I semplici si ingegnano a ricercare i modi più adatti per testimoniare loro la riconoscenza e l'ammirazione universale[30]. La loro persona è circondata da una ingenua venerazione. Dei rappresentanti sconosciuti saranno talvolta oggetto di un'idolatria che si indirizzerà meno alla loro persona che al carattere di cui si erano rivestiti. Il convenzionale Du Roy scriverà di Saint-Dizier al Comitato di Salute Pubblica, il 25 febbraio 1794: «Ho visto là un fanatismo di altro genere, ma che non mi è dispiaciuto, delle donne si precipitavano vicino a me per toccare i miei abiti e se ne andavano contente[31]».

La Dichiarazione dei Diritti

Alla nuova fede è necessario un nuovo credo. Già il Terzo Stato di Parigi aveva proposto nel suo *cahier* una Dichiarazione dei Diritti. «In tutte le società politiche – vi era detto – di diritto tutti gli uomini sono uguali. Tutto il potere emana dalla nazione e non può essere esercitato che per la *sua felicità[32]* . . . ». L'Assemblea nazionale redasse e impose a tutti i francesi questa formula religiosa voluta dal Terzo stato parigino. Vi si ritrova in una formula breve e concisa il fondo del pensiero dei filosofi.

A leggere il verbale dei dibattiti, è chiaro che i legislatori prendono in modo affatto serio il loro ruolo di sacerdoti della felicità pubblica, e si comprendono meglio le famose parole di Camus: «Noi abbiamo sicuramente il potere di cambiare la religione . . . [33]». Questo voleva dire che nessun ostacolo, neanche il più rispettabile, doveva impedire agli apostoli del nuovo vangelo di compiere la loro provvidenziale missione.

[29] (N.d.R.) Nella notte del 4 agosto 1789, l'Assemblea costituente pose fine al regime feudale e ai privilegi dei nobili.

[30] Un curioso progetto di *Fête nationale qui sera célébrée le jour immortel du 4 Août* (Bib. de la Ville de Paris, 12.272) specifica: «Tutti i deputati del 1789, che non sono nobili, lo diventano in questo momento. Loro e i loro discendenti saranno con eguali meriti preferiti per i posti della municipalità nelle loro province o negli Stati provinciali».

[31] Aulard, *Actes du Comité de Salut public*, tomo XI, p. 405.

[32] *Moniteur*, ristampa, 1836, Introduzione, p. 567.

[33] Seduta del 1° luglio 1790, *Moniteur*, ristampa, tomo IV, p. 515.

Ascoltiamo gli oratori che si succedono alla tribuna, in quel grande dibattito della Dichiarazione dei Diritti[34]. Il 27 luglio, Clermont-Tonnere afferma a più riprese nel suo progetto il dovere dello Stato di fare la felicità dei suoi amministrati. Ogni governo deve dunque avere per scopo la felicità pubblica.

«Art. I. Tutti gli uomini hanno un'aspirazione invincibile verso la ricerca della felicità; è per raggiungerla attraverso l'unione dei loro sforzi che hanno formato delle società e instaurato dei governi. Ogni governo deve quindi avere per fine la felicità pubblica.

«Art. IX. Il governo, per procurare la felicità generale, deve proteggere i diritti e prescrivere i doveri . . . »

Il 1° agosto, il conte Mathieu de Montmorency proclama i diritti dell'uomo «invariabili come la giustizia, eterni come la ragione». «La verità – aggiunge – conduce alla felicità». Target chiede che «qual è l'oggetto della Costituzione?» e risponde: «È l'organizzazione dello Stato». «Quale ne è il fine?» «È la felicità pubblica». E definisce questa felicità pubblica la felicità naturale di tutti i cittadini attraverso «l'esercizio pieno, intero e libero di tutti i loro diritti».

Grandin dichiara che «una Dichiarazione dei Diritti è come un trattato di morale».

Barnave spera che divenga «il catechismo nazionale».

Il 3 agosto, alla sera, un curato, che non è nominato, parla della Costituzione come di una cosa sacra. «Voi state preparando una nuova Costituzione per uno dei più grandi imperi dell'universo; voi volete indicare questa divinità tutelare, ai piedi della quale gli abitanti della Francia vengono a deporre i loro timori e le loro preoccupazioni. Voi direte loro, ecco il vostro Dio, adoratelo . . . »

Il 14 agosto, Mirabeau interpreta in un bel panegirico le comuni speranze della nuova fede. «Ogni progresso della Costituzione dei grandi Stati nelle loro leggi, nel loro governo accresce la ragione e la perfettibilità umana. Vi sarà dovuta quell'epoca fortunata, nella quale tutto prenderà il posto, la forma, i rapporti che l'immutabile natura delle cose le assegna, la libertà generale farà scomparire dal mondo intero le assurde oppressioni che affliggono gli uomini, i pregiudizi di ignoranza e di cupidigia che li dividono, le gelosie insensate che tormentano le nazioni e farà rinascere una fraternità universale senza la quale tutti i vantaggi pubblici e individuali sono così incerti e precari. E' per noi, per i nostri nipoti, è per il mondo intero che lavorate, che camminerete con passo fermo, ma misurato, verso questa grande opera ... I popoli ammireranno la calma e la maturità delle vostre decisioni e la razza umana vi conterà nel nu-

[34] Faccio mio il verbale della seduta del tomo I° della ristampa de l'*Ancien Moniteur*. Sebbene questo tomo I° sia stato fatto dopo il colpo di stato dell'anno IV, può esservi letto in larga misura poiché riproduce in gran parte il *Courrier de Provence*.

mero dei suoi benefattori . . . »

Rabaut Saint-Etienne dirà, infine, il 18 agosto, che bisogna che la Dichiarazione divenga «l'alfabeto dei bambini»: «È attraverso un'educazione così patriottica – prosegue – che nascerà una razza di uomini forti e vigorosi che sapranno difendere la libertà che noi avremo loro conquistata.»

Bisogna ricordare che il preambolo della Dichiarazione comincia così: « l'ignoranza, la dimenticanza o il disprezzo dei diritti dell'uomo sono le sole cause delle disgrazie pubbliche e della corruzione dei governi», e che l'articolo II contiene questa frase: «Lo scopo di tutte le associazioni politiche è la conservazione dei diritti naturali e imprescrittibili dell'uomo», diritto il cui esercizio, ci ha detto Target, costituisce la felicità sociale?

In sintesi, vi è una fede politica i cui dogmi principali sono stati insegnati dai filosofi.

Lo Stato può e deve assicurare la felicità sociale. La legge, opera del legislatore, è lo strumento di questa felicità. Come tale essa ha diritto a tutti i rispetti. È una sorta di talismano protettore che non sapremo mai abbastanza venerare. «Non solo il popolo deve osservare la legge, ma deve adorarla. Il patriottismo non è, in effetti, che un sacrificio perpetuo alla legge, in una parola, fino a quando il nome della legge non sarà così sacro come quello degli altari e così potente come quello delle armate, la nostra salvezza è incerta e la nostra libertà vacillante[35]». «Il Vangelo fondò la Religione delle coscienze, – precisa G. Romme – la Legge è la Religione dello Stato, che deve avere anche i suoi ministri, i suoi apostoli, i suoi altari e le sue scuole . . .[36]»

«La legge è il mio Dio, non ne conosco altro», proclama il focoso Isnard alla tribuna della Legislativa[37]. «il primo dei culti, è la legge», ripete P. Manuel[38].

La nuova fede ispira delle inquietudini al clero

Sebbene trascinato all'inizio dall'entusiasmo generale, tuttavia il clero percepisce confusamente che la nuova fede potrebbe essere a breve termine un nemico o, perlomeno, una rivale per la vecchia fede. Alla seduta del 3 agosto 1789, il vescovo di Chartres manifestò il timore che la Dichiarazione svegliasse l'egoismo e l'orgoglio nel cuore dei francesi e chiese di farla precedere «da

[35] *Feuille Villageoise*, avviso precedente la seconda annata (1791).

[36] Lettera di G. Romme alla *Feuille Villageoise*, numero del 21 luglio 1791.

[37] Seduta del 14 novembre 1791, citato da Sciout, *Histoire de la Constitution civile du clergé*, 1872-81, 4 vol., in 8°, III, p. 50, nota del *Journal des débats et décrets*.

[38] Proclama indirizzato ai parigini dopo il 10 agosto, citato da Sciout, *ibid.*, III, p. 223.

qualche idea religiosa nobilmente espressa». «La religione non deve, è vero, essere compresa nelle leggi politiche, ma non deve essere loro estranea». L'abate Grégoire, a sua volta, venne a perorare, il 18 agosto, la causa della Divinità. L'assemblea, secondo lui, non era parsa preoccuparsi troppo dei diritti della religione. Ma nessuno allora fece attenzione ai suoi timori.

VI

Il carattere religioso della nuova fede

Perché ogni credenza, comune a uno stesso gruppo di uomini, abbia il carattere di credenza religiosa, bisogna che si imponga obbligatoriamente a tutti i membri del gruppo. È una delle regole che abbiamo posto all'inizio della nostra definizione. Ebbene, le verità formulate nella Dichiarazione dei Diritti si pongono come delle verità obbligatorie. La Costituzione del 1791 stabilisce che, per essere cittadini attivi, è necessario prestare il *giuramento civico*, vale a dire di aderire nella maniera più solenne alla nuova istituzione politica, alla Costituzione, della quale la Dichiarazione dei Diritti è parte dogmatica[39]. Coloro che si rifiutano di giurare sul credo politico sono quindi tagliati fuori dalla comunità, colpiti da una scomunica civile. In compenso, uno straniero può entrare nella patria francese, essere ammesso al culto della nuova religione, alla sola condizione di fissare il suo domicilio in Francia e di prestarvi il giuramento civico. Per contro, la Legislativa conferirà il titolo di cittadino francese a Schiller, a Thomas Paine, a David Williams, etc. , per ricompensarli di aver lavorato fuori dalla Francia all'opera di rigenerazione. Già, su richiesta di Anacharsis Cloots, un gruppo di stranieri era comparso alla festa della Federazione. Dal debutto, la nuova fede era una fede universale, internazionale, una vera fede.

Origine spontanea del giuramento civico

Non è ininfluente costatare che l'obbligo del giuramento civico non fu imposto ai francesi da un'autorità in qualche modo esterna a loro, che, se divenne più tardi la legge di un partito, fu, all'inizio, allegramente accettato, desiderato ovunque, che ebbe un'origine sociale. È spontaneamente, senza premeditazione né ordine di qualunque sorte, ma in un libero entusiasmo, che i francesi giurano, al momento delle Federazioni, « rispetto e sottomissione senza limiti alla Costituzione», che si impegnano a «sostenere i decreti dell'Assemblea, anche con il pericolo della vita», a «mantenere i diritti dell'uomo e del citta-

---

[39] Costituzione del 1791, titolo III, cap. I, art. 2.

dino», a «vivere liberi o morire»[40]. Ripetere questo giuramento non costa al popolo, al contrario! Sembra che prenda piacere nel rinnovare ad ogni occasione questo atto di comunione mistica con la patria. L'8 febbraio 1790, a Parigi, nel momento in cui le corporazioni e le autorità giurano di restare fedeli alla nazione, alla legge e al re, e di mantenere la Costituzione, le donne, i bambini, gli operai, le domestiche, accorsi in folla, mettono una gioia infantile e ripetere la magica formula. «Il popolo – dice il *Moniteur* – era ubriaco dalla gioia di essere uscito da due giorni dalla servitù».

A Rouen, al momento di una cerimonia simile, tutta la città si illumina all'improvviso. Scene di questo genere furono innumerevoli.

Continuità della fede rivoluzionaria

Questa origine sociale del giuramento civico finisce coll'imprimere alla fede rivoluzionaria il carattere di fede religiosa. Non è su una rivelazione e su dei misteri, come la maggior parte delle religioni positive; sulla vegetazione, come nei culti agrari; o su una specie animale, come nei culti totemici, ma sulla stessa istituzione politica che si applica questa nuova fede, e questo la distingue da tutte le altre. Legata all'istituzione politica questa fede subirà le stesse fluttuazioni dell'oggetto al quale si applica. Quando le leggi, quando i legislatori sono popolari, quando ci si aspetta molto dal loro intervento, la fede rivoluzionaria è forte, come nei grandi pericoli del 93. Ma, se l'istituzione politica sembra fallire le sue promesse, se i legislatori si mostrano incapaci o corrotti, come sotto il Direttorio, la fede rivoluzionaria si affievolisce e devia. Ma, fino alla fine, questa fede resta nel fondo identica.

Le Dichiarazioni dei Diritti del 1793 e dell'anno III non differiscono essenzialmente da quella del 1791. Tutte e tre risposano sulla stessa concezione di Stato-Provvidenza. Tutte e tre ancora, considerano i diritti pubblici come il prolungamento dei diritti naturali. La tendenza morale è solo più forte in quella dell'anno III che nelle altre due.

Durante tutto il corso della Rivoluzione, i legislatori «primi strumenti delle leggi di natura», custodiscono la più alta idea delle loro funzioni. «Rappresentanti del popolo, - esclama Manuel il 21 settembre 1792 – la missione di cui siete incaricati esigerebbe e il potere e la saggezza degli dei. Quando Cinea[41] entrò nel senato di Roma credette di vedere un'assemblea di re. Un si-

---

[40] Giuramento della Federazione bretone a Pontivy, il 15 gennaio 1790, citato da J. Bellec in *La Révolution française*, tomo XXVIII, p. 25.

[41] (N.d.R.) Cinea, discepolo di Demostene, fu ambasciatore di Pirro d'Epiro che lo inviò a Roma per dettare le condizioni di pace dopo la battaglia di Heraclea.

mile paragone sarà per voi un'ingiuria. Bisogna vedere qui un'*assemblea di filosofi impegnati a preparare la felicità del mondo[42]*». «La nostra missione è grande, è sublime», aggiunse Couthon nella stessa seduta. Il luogo delle sedute dell'Assemblea si chiama correntemente il «tempio della Costituzione», e l'espressione non è solamente una perifrasi pomposa. Stampavano su libretti di piccolo formato il testo della Costituzione, affinché ognuno potesse portarlo con sé, come un breviario o un libro sacro. Alla prima seduta della Legislativa, dodici anziani andarono in processione a chiedere il libro della Costituzione. Ritornarono con alla loro testa l'archivista Camus che portava, a lenti passi, sostenendolo con le sue mani e appoggiandolo sul petto, il nuovo Santo Sacramento dei francesi. Tutti i deputati si alzarono e si scoprirono il capo. Camus tenne gli occhi abbassati, l'aria raccolta.

Ancora nell'anno III, quando la fede rivoluzionaria era già molto scesa, il deputato Rouzet definiva in questi termini lo stato di spirito degli autori della prima Dichiarazione dei Diritti: «L'Assemblea costituente credette dover garantire la propria opera con la creazione di una sorta di *culto politico*, che mantiene nell'animo dei rigenerati l'inquietudine inseparabile da tutte le grandi passioni, e la tavola dei Diritti dell'uomo fu il talismano con il quale si ripromise di conservare il fuoco sacro che aveva così facilmente acceso . . .[43]» Non sapremmo meglio definire quel *culto politico*, all'inizio impreciso e inconsistente, che nacque con la Rivoluzione, che si definì in seguito, si ingrandì e si esteriorizzò nei culti rivoluzionari propriamente detti.

Fino alla fine della Rivoluzione, la pratica dei giuramenti civici rimarrà strettamente obbligatoria. Così il cittadino rese testimonianza delle sua adesione ai dogmi necessari alla vita della società, al buon andamento delle istituzioni, considerate come sacre. Così il magistrato promise di consacrarsi interamente alla felicità comune. Così furono separati i buoni e i cattivi, i fedeli e i profani, questi ultimi tacciati di incapacità, trattati con sospetto, da colpevoli, da sacrileghi. È con un giuramento che si era costituita, il 20 giugno 1789, l'Assemblea nazionale, è con un giuramento che la Convenzione aprì la sua prima seduta, con un giuramento era terminata l'insurrezione del 19 agosto, che iniziò quella del 31 maggio. È con dei giuramenti che ai tempi del Direttorio i patrioti credettero di bloccare la reazione realista e risvegliare la fede politica[44]. I funzionari che rifiutavano il giuramento furono considerati

[42] *Moniteur*, ristampa, tomo XIV, p. 7.

[43] Convenzione, seduta del 16 messidoro anno III, nel *Moniteur*, ristampa, tomo XXV, p. 149.

[44] Il 22 nevoso anno IV, il deputato Duhot fece decretare che i Cinquecento giurassero tutti gli anni, il 21 gennaio, in odio alla monarchia. Lo stesso giuramento fu richiesto

come nemici dello Stato, ribelli alla legge. Il deputato Delleville chiese che fossero deportati (11 ventoso anno IV) e la pena fu inserita nella legge. Gli stessi elettori, come si è visto, erano costretti al giuramento, sotto la pena della privazione dei diritti civici.

Per il misticismo che vi si mischia, per le speranze di felicità che suscita, per il suo carattere obbligatorio, sembra dunque che la fede rivoluzionaria abbia tutte le apparenze di una fede religiosa.

VII

Il simbolismo rivoluzionario

Ma ciò che, alla fine, giustifica questa identificazione è che la fede rivoluzionaria, ad esempio di quella religiosa, si espresse esteriormente, pressoché dagli inizi, con dei simboli definiti ed esclusivi e che accompagnò nello stesso tempo con pratiche, regolari cerimonie, che fu legata a un culto.

Il simbolismo rivoluzionario, che si è formato come per caso, senza idee precostituite e senza progetto d'insieme, con una notevole spontaneità, nel corso degli anni 1789, 1790 e 1791, fu l'opera comune della borghesia e del popolo. La borghesia, allevata e come bagnata nella cultura classica, ossessionata dai ricordi della Grecia e di Roma, chiese in prestito generalmente all'antichità gli oggetti, le leggende, gli emblemi più adatti a manifestare esteriormente le sue speranze e a servire come segni di riunione per i partigiani del nuovo ordine. Poiché era abituata a riunirsi nelle logge, all'epoca molto numerose, unì ai suoi prestiti classici qualche aggiunta massonica. Infine, copiò con naturalezza le cerimonie del vecchio culto. Ma il simbolismo così inventato sarebbe rimasto freddo, accademico, se il popolo nell'adottarlo, nel farlo proprio, non gli avesse comunicato calore e vita.

La coccarda

Il primo dei simboli rivoluzionari fu la *coccarda* tricolore inalberato nel periodo che seguì il 14 luglio. La notizia dell'oltraggio fatto al segno patriottico dalle guardie del corpo a Versailles fu sufficiente per provocare la sommossa del 5 e 6 ottobre. Da Parigi il culto dei tre colori si sparse, come trascinato da una nuvola di polvere, in tutta la Francia. Le Federazioni innalzarono con orgoglio la bandiera tricolore, e il cuore delle folle batté più forte alla sua vista. Alla Federazione di Strasburgo (13 giugno 1790) dei buoni paesani chiesero con tenerezza, come favore, di essere ammessi a toccare la bandiera delle

a tutti i funzionari.

guardie nazionali. I colori della nazione non tardarono a rimpiazzare i colori del re. Lo stesso re dovette innalzare il simbolo della nuova religione e proibire, il 29 maggio 1790, di portare altra coccarda di quella nazionale.

Ben presto, una serie di misure legislative resero il segno obbligatorio per tutti i cittadini[45] ed anche per tutte le cittadine[46].

Altari della patria

Mentre simboleggiavano la loro fede nei tre colori, i francesi elevavano ovunque sulle piazze pubbliche degli *altari della Patria*. Il primo di questi monumenti fu probabilmente quello che il massone Cadet de Vaux fece costruire nella sua proprietà di Francoville-la-Garenne, all'inizio del 1790. «Eretta su un poggio formando un bosco sacro», questo altare fatto di un solo blocco di pietra aveva forma triangolare. Era sormontato da «fasci d'armi, con le loro asce». In mezzo si alzava «una picca di 18 piedi di altezza sormontata dal berretto della Libertà, ornato dai suoi piumini». La picca supportava «da un lato un antico scudo e offriva l'immagine di La Fayette con questa scritta: «Egli odia la tirannia e la ribellione» (*Henriade*). Dall'altro lato una spada, degli stendardi a collana, il tutto in metallo fuso». Sui tre lati dell'altare si leggevano queste iscrizioni:

«Fu dei cittadini prima di essere dei padroni,
Noi ritorniamo nei diritti che hanno perso i nostri antenati.»

(*Henriade*)

«Noi andiamo a veder fiorire la Libertà pubblica,
Sotto la sacra ombra del potere monarchico.»

(Voltaire, *Brutus*)

«Si radunano, cospirano, lanciano degli allarmi,
Ogni borghese è soldato, tutta Parigi è in armi[47].»

(*Henriade*)

L'altare della Patria ebbe una fortuna così rapida come la coccarda nazionale. In qualche mese fece il giro della Francia. A volte era un ricco privato

[45] Decreti del 4-8 luglio 1792, art, 16 e 17.

[46] Decreto del 21 settembre 1793.

[47] Dal verbale intitolato: Cérémonie religieuse et civique qui a lieu le 26 juin 1792 en l'honneur de Gouvionà Francoville-la-Garenne, in 8°, Bib. Nat., Lb[39] 6012.

che ne dotava i suoi concittadini[48], a volte una sottoscrizione pubblica ne faceva le spese, a volte ancora era costruito dai cittadini di tutte le classi che maneggiavano la pala e la zappa con ardore patriottico. La sue forme variavano con le risorse delle località, il gusto e il capriccio degli abitanti. Ma ovunque fu il luogo di riunione preferito dai patrioti, la meta dei loro pellegrinaggi civici, il primo e il più duraturo santuario della nuova religione[49]. Legiferando su un fatto compiuto, la Legislativa decretò, il 26 giugno 1792, che «in tutti i comuni dell'Impero, sarà eretto un altare della Patria, sul quale sarà incisa la Dichiarazione dei Diritti con l'scrizione: *Il cittadino nasce, vive e muore per la patria*».

Gli altari della Patria, che venivano anche chiamati altari della Libertà, rimarranno in piedi fino ai primi giorni dell'Impero.

Alberi della Libertà

Appena gli altari della Patria erano stati innalzati gli *alberi della Libertà* iniziarono a metterli in ombra. Secondo Grégoire, il primo che fu piantato in Francia fu quello di Norbert Pressac, curato di Saint-Gaudens, vicino a Civray, nel Poitou. «Nel maggio 1790, il giorno dell'organizzazione della municipalità, *fece* estirpare dalla foresta una quercia ben cresciuta e la fece trasportare sulla piazza del villaggio dove entrambi i sessi riuniti *concorsero* a piantarla. In seguito, *arringò* sui vantaggi della Rivoluzione e della Libertà . . . »[50]

Il racconto di Grégoire, attinto del resto dal *Moniteur*[51], è probabilmente materialmente esatto, ma è certo che i contadini del Périgord, imitati forse nelle altre regioni della Francia, non attesero l'esempio del curato del Poitou per piantare il maggio liberatore: «L'albero di maggio, quest'albero tradizio-

---

[48] Come a Autun. Vedere l'articolo di L. Téo, *Étude sur l'Autel de la Patrie d'Autun*, in *La Révolution Française*, 1889, tomo XVII, p. 187 e segg.

[49] Dal suo esordio l'altare della Patria fu circondato da un rispetto religioso. Il 6 dicembre 1790, quando degli scolari del Collegio irlandese, giocando, rovesciarono uno dei vasi dell'altare della Patria al Campo di Marte, i patrioti gridarono alla profanazione e chiesero una severa punizione dei colpevoli.

[50] *Histoire patriotique des arbres de la liberté* rieditata da Charles Dugast, Parigi, 1833, in 8°, p. 241 e segg. Bib. de la Ville de Paris, 3242.

[51] *Moniteur* del 25 maggio e 14 luglio 1790.

nale, punto di riunione dei contadini nel giorni delle feste votive»[52], divenne nel Périgord un simbolo rivoluzionario dal mese di gennaio del 1790. «Sotto una forma scherzosa – dice Bussière – segnalava ai signori delle originali rimostranze, in particolare ricordava il loro modo abusivo di misurare e di vagliare il grano delle rendite, vi appendevano dei setacci, delle scope, delle misure di grano, delle pale per radere il sale, delle piume, dei volatili e, supremo ornamento, delle banderuole, per rintuzzare l'orgoglio del castellano . . . Queste piantagioni di maggio, come la foresta che avanza, facevano la loro discesa dal Nord al Mezzogiorno per le vallate della Dordogna, della Corrèze, della Vézère, si spandevano sulle rive, guadagnavano a poco a poco i costoni, proclamavano a tutti i venti la caduta della feudalità[53]».

Gli alberi della Libertà divennero subito popolari. I patrioti li circondarono di una venerazione ombrosa e ben presto punirono con pene severe chi li mutilava. È così che, con la sua ordinanza del 22 germinale anni IV, il Direttorio ordinò al Ministro della Giustizia di dare luogo ad azioni giudiziarie contro i delinquenti o, piuttosto, criminali di questa specie e di far applicare loro «le leggi emanate contro ogni specie di crimine controrivoluzionario e che attenti alla libertà, all'uguaglianza e alla sovranità del popolo francese». Due anni dopo, la legge del 24 nevoso anno IV punisce con quattro anni di detenzione «ogni individuo colpevole di aver mutilato, abbattuto o tentato di abbattere o di mutilare un albero della Libertà[54]».

Considerata come cosa sacra, la morte degli alberi della Libertà era una calamità, un lutto pubblico. Il tronco di uno di questi che, ad Amiens, era stato tagliato, durante la missione di André Dumont, fu portato al municipio «coperto da un drappo nero», preceduto da una musica e seguito da un corteo di 9.000 uomini in armi[55].

Di tutti i simboli rivoluzionari, l'albero della Libertà sarà il più presente nell'animo popolare. Comparirà per un momento nel 1848. Compare anche,

---

[52] Georges Bussière, Études historiques sur la Révolution en Périgord, 1903, in 8°, 3ª parte.

[53] G. Bussière, bid.

[54] La stessa legge specificava nel suo articolo III: «Per l'avvenire ogni comune nel dipartimento dove un albero della Libertà sarà stato abbattuto o sarà morto naturalmente, sarà tenuto a rimpiazzarlo nella decade, salvo rinnovare questa piantagione, se è il caso, con un albero perenne, nella stagione opportuna, ai termini della legge del 3 piovoso anno II». Il periodo del rimpiazzo degli alberi della Libertà morti era fissato alla festa del 21 gennaio (art. II).

[55] Aulard, Actes du Comité de Salut public, tomo X, p. 546-547.

ogni tanto, ai nostri giorni.

Altri simboli

Le *Tavole della Dichiarazione dei Diritti* e le *Tavole della Costituzione,* incise sul metallo o sulla pietra, furono a loro volta offerte alla pubblica venerazione. Gli anziani le portavano sopra a delle barelle e le depositavano sull'altare della Patria. Là, il presidente della festa le alzava nelle sue mani, come il prete eleva l'ostensorio, e le presentava alla folla che era ammessa ad adorarle durante il resto del giorno.

Pressoché ovunque, l'unità della Patria fu rappresentata dal *fascio degli 83 dipartimenti*, la Libertà conquistata da una di quelle *Bastiglie in miniatura* che il patriota Palloy aveva fatto scolpire con le pietre della fortezza, o ancora dalla picca, dal berretto frigio il cui uso si diffuse dalla fine del 1790. Il berretto frigio, più comunemente chiamato berretto della Libertà, berretto rosso, appare già nella Federazione di Lione, dove è portato alla fine di una lancia tenuta da una dea della Libertà (30 maggio 1790), nella Federazione di Troyes (8 e 9 maggio 1790) dove è posto sulla statua della Nazione. La *Livella,* questo vecchio segno della massoneria, simboleggia l'Uguaglianza dall'anno 1789. La Fraternità è raffigurata dalle *mani intrecciate,* altro simbolo massonico.

Tali sono i principali simboli nei quali si incarnò innanzi tutto il patriottismo.

Degli altri, la *Natura,* la *Ragione,* i busti dei *Martiri della Libertà,* la *Montagna,* l'*occhio della sorveglianza,* etc., appariranno successivamente e passeranno con le circostanze che daranno loro vita e i partiti che le avranno immaginate.

Mi si chiederà, forse, se ho il diritto di assimilare questi simboli rivoluzionari ai simboli delle religioni ordinarie. Mi si farà probabilmente notare che quelli non sono che semplici allegorie, senza una propria efficacia, mentre questi sono provvisti agli occhi dei fedeli di specifiche virtù. Risponderei che non misconosco per nulla le differenze fondanti che separano la religione rivoluzionaria dalle religioni rivelate. Evidentemente, il patriota che inalberava la coccarda nazionale generalmente non attribuiva a quel pezzo di stoffa il potere di fare dei miracoli e, a questo riguardo, il suo stato di spirito era altro da quello del cattolico che appende al suo collo una medaglia benedetta o qualche preziosa reliquia. Non è men vero che coccarda, medaglia o reliquia sono, allo stesso titolo, dei simboli religiosi poiché hanno in comune che rappresentano, che concretizzano, che evocano un insieme di idee o di sentimenti, vale a dire una fede.

VIII

Il fanatismo rivoluzionario

Non è assolutamente vero, peraltro, che i simboli rivoluzionari non abbiano avuto che il valore di semplici segni, di allegorie inoffensive, senza virtù, senza particolare efficacia. «Con l'aria del *Ça ira*, dicono molto bene le *Révolutions de Paris*[56], si porta il popolo in capo al mondo, attraverso le armate combinate di tutta Europa. Agghindato con un nodo di nastri dai tre colori, dimentica i suoi più cari interessi per occuparsi solo della cosa pubblica e lascia gaiamente i suoi salotti per andare alle frontiere ad attendere il nemico.

«La vista di un berretto rosso di lana lo trasporta, e che nessuno approfitti dell'occasione di schernirlo! Il suo entusiasmo è dei più rispettabili e dei meglio fondati. Gli hanno detto che quel berretto di lana era in Grecia e a Roma l'emblema dell'affrancamento di tutte le servitù e il segno di riunione di tutti i nemici del dispotismo. Ce n'è abbastanza per lui. Da quel momento, ogni cittadino vuole avere quel berretto . . . »

La religione rivoluzionaria ebbe anch'essa la sua ebrezza, il suo fanatismo e in questo finisce per assomigliare alle altre. I patrioti non si limitano, in effetti, a inalberare nuovi simboli, a circondarli di una devozione ombrosa, fanno contemporaneamente una guerra senza quartiere ai vecchi simboli, li distruggono senza pietà, senza sosta, con una rabbia gioiosa.

Quei contadini del Périgord che furono i primi, sembra, a piantare l'albero della Libertà, abbattevano e rompevano nello stesso tempo i pali di giustizia, le gogne, le panche delle chiese, le banderuole che portavano il segno sensibile delle loro vecchia servitù.

I borghesi illuminati che sedevano nelle Assemblee erano non meno fanatici di quei contadini. Ordinavano per decreto la demolizione della Bastiglia[57], la rimozione delle statue delle province incatenate ai piedi della statua di Luigi XIV sulla piazza delle Victoires[58]. Non si limitavano a sopprimere i titoli nobiliari[59], gli ordini cavallereschi[60], facevano bruciare con solenni autodafé

---

[56] N° 141, 17-24 marzo 1792. Articolo sul berretto rosso.

[57] Decreto del 16 luglio 1789.

[58] Decreto de 20 giugno 1790.

[59] Decreto del 19-23 giugno 1790.

[60] Decreto del 30 luglio 6 agosto 1790.

tutte le carte, i libri, i titoli concernenti la nobiltà e la cavalleria[61]. Proibirono gli stemmi[62], ordinarono la confisca della case che continuavano ad averli[63], la distruzione di tutti i monumenti che ricordavano le feudalità[64], proibirono di inserire in qualunque atto i titoli e le qualifiche soppresse, sotto la pena si pagare una contribuzione sestupla, di essere radiati dall'albo civico, di essere dichiarati interdetti da ogni impiego civile o militare, etc. Stessa pena per chi faceva portare livree ai propri domestici, metteva stemmi sulla sua casa o sulla sua vettura, etc.[65]». Con un decreto formale, fanno calpestare una corona ducale[66]; si accaniscono contro la feudalità persino nella lingua stessa, cambiano il nome dei luoghi che ricordano il detestato passato[67]. Così i riformati si erano accaniti nel XVI secolo sugli emblemi del cattolicesimo.

Presto la guerra al cattolicesimo succederà alla guerra contro la feudalità. Le mitre, le pastorali episcopali, i breviari e i messali andranno a raggiungere, in un comune braciere, le corone ducali e gli stemmi, il calendario repubblicano rimpiazzerà il calendario romano, e i nomi greci e romani cacceranno dai registri dello stato civile i nomi dei santi. Legendre (della Nièvre) chiederà al Comitato di Salute pubblica di far decretare dalla Convenzione che in tutta la Repubblica le croci saranno rimpiazzate dal berretto della Libertà[68]. Mentre distribuiscono delle coccarde alle giovani cittadine, Ch. Delacroix e J.-M.

---

[61] Decreto del 12-16 maggio 1792 e decreto del 19-24 giugno 1792 (quest'ultimo fatto su proposta di Condorcet).

[62] Decreto citato del 20 giugno 1790.

[63] Decreto del 1° agosto 1793.

[64] Decreto del 14 agosto 1792.

[65] Decreto del 27 settembre – 16 ottobre 1791.

[66] Decreto del II brumaio anno II.

[67] Decreto del 30 settembre – 5 ottobre 1792, che cambia Bourbon l'Archambault in Burges-les-Bains; del 9-11 ottobre 1792, Bar-le-Duc in Bar-sur-Ornain; del 25-26 ottobre 1792, Vic-le-Comte in Vic-sur-Allier; del 22 febbraio 1793, che ordina di presentare la lista dei nomi dei luoghi suscettibili di riforma perché ricordano la monarchia e la feudalità.

[68] Lettera al Comitato di Salute pubblica del 21 nevoso anno II, in Aulard, *Actes du Comité de Salut public*, tono X, p. 184.

Musset fanno loro giurare di non sposare che repubblicani[69]. Facendosi cantore dell'odio comune, il poeta Lebrun scaglia la folla contro le bare dei tiranni[70]:

> Mondiamo il suolo dei Patrioti
> Dai re ancora infetti.
> La terra della Libertà
> Rigetta le ossa dei despoti;
> Di questi mostri divinizzati
> Che tutte le bare siano rotte!
> Che la loro memoria sia cancellata!
> E che con i loro mani erranti
> Escano dal seno della Patria
> Tutti i cadaveri dei tiranni!

Quando è portato al parossismo, il fanatismo rivoluzionario, come quello religioso, si impadronisce interamente dell'uomo, gli fa dimenticare i più cari doveri della famiglia o dell'amicizia, esclude ogni altro sentimento.

«Quando si tratta della Patria – esclama Maribon-Montaut ai giacobini – *non ci sono né fratelli, né sorelle, né padre, né madre. I giacobini immolano tutto al loro paese[71]»*. Non sono parole vane. Numerosi furono allora i patrioti che immolarono tutto al loro paese, la loro stessa vita. Come non era una fanfaronata quel giuramento che faceva Baudot, prima della sua partenza per l'armata del Reno: «Ho avvisato la società (dei giacobini) che cambiando clima non cambierò l'ardore rivoluzionario e che farò al Nord ciò che ho fatto nel Midi. *Li renderò patrioti, o moriranno loro o morirò io[72]»*.

Ma a che pro moltiplicare questi esempi di fanatismo rivoluzionario? Sono così numerosi che si evidenziano da soli e a riunirli tutti ci sarebbe materia per un grande volume.

IX

Le pratiche – Le cerimonie

---

[69] Lettera al Comitato del 24 settembre 1793. In Aulard, *ibid.,* tomo VII. p. 39.

[70] Odes républicaines au peuple français, composta nel brumaio anni II. Citata da Robinet, Le mouvement religieux à Paris pendant la Révolution, tomo II, p. 420.

[71] Seduta del 9 brumaio anni II, in Aulard, *Société des Jacobins,* tomo V, p. 490.

[72] Seduta del 3 novembre 1793, in Aulard, *ibid.,* tomo V, p. 495.

Dalla fine della Costituente, la religione rivoluzionaria è costituita nei suoi elementi essenziali, con i suoi dogmi e i suoi simboli obbligatori. Lontana dall'essere un'invenzione artificiale di qualche uomo, un espediente politico, un'arma di circostanza, ci è apparsa come una creazione spontanea e anonima dell'animo francese, un frutto autunnale, ma saporito, della filosofia del XVIII secolo.

Una cosa tuttavia le manca ancora a quell'epoca perché sia veramente una religione completa, è un insieme di pratiche regolari, un sistema di cerimonie, un culto, in una parola. Ma si può già prevedere che questa lacuna non tarderà ad essere colmata. Al momento in cui siamo, in quell'anno 1791, anno di Varennes, anno critico per tanti aspetti, i patrioti hanno già preso l'abitudine di riunirsi in cerimonie o feste civiche per comunicarsi gli uni agli altri le loro speranze, i loro timori, i loro dolori comuni, per commemorare l'anniversario delle loro vittorie, per onorare i loro morti illustri, per esaltare mutualmente il loro coraggio. Queste riunioni civiche, generalmente lasciate all'iniziativa dei cittadini, variano ancora di forma, di carattere, di tendenze in tutta la Francia. Queste sono foglianti, quelle sono giacobine. Le une e le altre non si oppongono ancora alle cerimonie cattoliche, lasciano ancora un posto ai preti della vecchia religione, un posto più o meno importante. Ma è visibile che il cattolicesimo, il cattolicesimo epurato attraverso la Costituzione civile, è già nelle festa solo un elemento accessorio, del quale non si tarderà di fare a meno. Vedremo presto sotto l'influenza di quali circostanze avverrà la cesura tra la nuova e la vecchia religione, come quella si opporrà a questa e tenterà apertamente di soppiantarla.

Le federazioni

La prima, non solamente per data, ma per importanza, di queste cerimonie civiche dove i francesi furono in comunione spirituale con il patriottismo, quella che servì da esempio e da modello alle altre che seguirono, quella che diede veramente nascita al culto rivoluzionario, è la Federazione, o piuttosto le Federazioni.

È per reprimere i disordini, per proteggere le sussistenze, per ristabilire l'ordine indispensabile alla rigenerazione della cosa pubblica che si formano, dopo la Grande Paura, le prime federazioni, vere leghe armate al servizio dell'Assemblea nazionale. Il sentimento che vogliono innanzitutto esprimere, proclamare ben forte, è la loro fiducia assoluta nell'onnipotenza dei rappresentanti della nazione a preparare e ad assicurare la felicità pubblica[73]. Esse

---

[73] La milizia cittadina di Luynes, costituendosi il 2 agosto 1789, dichiara che è stata incoraggiata nella sua impresa «dalla devozione dell'Assemblea nazionale per l'interesse del popolo, dalle mozioni patriottiche, dalle discussioni profonde e giuste

non dubitano che gli intrighi dei malvagi, le cospirazioni degli «aristocratici», non siano il solo ostacolo che ritarda l'ora vicina della felicità generale ed è per sventare i loro intrighi, i loro complotti che hanno preso le armi. Protestano la loro sottomissione senza limiti alla *Costituzione* e il loro ardente amore per la *Patria*.

E per Patria non intendono un'identità morta, un'astrazione incolore, ma una reale e durevole fraternità, un mutuo desiderio di bene pubblico, il sacrificio volontario dell'interesse privato all'interesse generale, l'abbandono di tutti i privilegi provinciali, locali, personali. «Noi dichiariamo solennemente, giurano i bretoni e gli angioini[74] a Pontivy, il 15 febbraio 1790, che non essendo né bretoni né angioini ma francesi e cittadini dello stesso impero, rinunciamo a tutti i nostri privilegi locali e particolari e che li abiuriamo come anticostituzionali[75]». La libertà di cui si proclamano «idolatri», non è una libertà sterile, una libertà neutra, indifferente, ma è la facoltà di realizzare il loro ideale politico profondamente unitario, lo strumento per costruire la loro città futura armoniosa e fraterna.

Se le federazioni furono prima di tutto un atto di fede nel nuovo credo politico, ebbero anche degli altri caratteri. Una concezione generale della società normalmente non è disgiunta da una visione d'insieme sull'Universo, da una filosofia e da una morale. Questa filosofia e questa morale, ancora imprecisate, iniziano a fare capolino.

Molto spesso delle iscrizioni, incise sull'altare della Patria, avvertono i cittadini che le migliori istituzioni politiche sono senza efficacia se non sono accompagnate da corrispondenti istituzioni morali. Il credo politico è così legato a un credo morale. A Rennes, si legge su una piramide, eretta sull'altare della Patria, questa frase di Rousseau: «La Patria non può esistere senza la libertà, la libertà senza la virtù». A Lione, sopra i portici del tempio della Concordia è incisa questa massima: «Nessuno stato senza morale, nessun cittadino senza virtù, nessuna virtù senza libertà». Più di una volta sono degli anziani che

dei Lally-Tollendal, dei Mirabeau, dei Volney, dei Siéyès, per tutto ciò che infine ci si deve aspettare dal famoso coraggio, dalle virtù e dalle illuminazioni di un Bailly, di un Lafayette, di un Mounier, di un Target, di un Clermont-Tonnere e da tanti altri sostenitori della verità, della giustizia e della libertà». *Acte de la confédération patriotique et de constitution provisoire de l'administration et de la milice citoynnes de la ville et cité de Luynes, arrêté en Assemblée générale le 2 août 1789.* (Bibl. Naz., Lb^{39} 7548).

[74] (N.d.R.) Qui intesi come abitanti dell'Angiò.

[75] De Bellec, Les deux fédérations bretonnes-angevines, in La Révolution française, 1895, tomo XXVIII, p. 32.

presiedono la festa, come se fossero investiti da una sorta di magistratura morale. «Alla grande federazione di Rouen, dove comparvero le guardie nazionali di sessanta città, andarono a cercare fino ad Andelys[76], per essere a capo dell'Assemblea, un cavaliere di Malta di 85 anni. A Saint-Andéol nel Vivarais, due vecchi di 93 e di 94 anni, uno nobile e colonnello della guardia nazionale, l'altro semplice lavoratore, prestarono per primi il giuramento civico[77]».

Il culto dell'Essere supremo, la teofilantropia, il culto delle decadi riprendono ampliandole, sistematizzandole, queste stesse preoccupazioni morali.

In altre federazioni si espresse in modo ingenuo l'ammirazione per le scoperte della scienza, un vivo amore per la natura. Alla grande federazione di Dòle (21 febbraio 1790), una giovane ragazza giunse all'inizio della festa «con un bicchiere ottico[78] per carpire dal Sole il fuoco sacro e accendere in un vaso greco posto sull'altare, un fuoco che immediatamente diede una fiamma tricolore[79]». A Strasburgo, i coltivatori presenti nel corteo con un aratro, depositano un covone di grano sull'altare della Patria.

Se nella grande maggioranza dei casi, il clero presiede la cerimonia, che si apre con una messa solenne, nondimeno qua e là si verifica qualche dimostrazione anticlericale. Con la penna di Jacques Boileau, il cui fratello avrà in seguito un ruolo considerevole nella creazione dei culti rivoluzionari nello Yonne, le guardie nazionale di Saint-Brice, Cravant, Vermenton, etc., invitano l'Assemblea nazionale a raddoppiare l'energia contro il mostro del fanatismo: «Ah! È il più crudele di tutti; come quei tiranni ambiziosi e feroci dei quali la storia ci offre tanti esempi, non aspira che a versare il sangue di coloro che lo molestano e portano ombra al suo terribile dispotismo. Colpite, colpite con forza quella testa altera. Una volta distrutta, la pace e la concordia, che sole fanno fiorire gli Stati, rinasceranno e noi tutti saremo felici[80]».

A Clamecy, una granatiere della guardia nazionale, Ch. de Suroy, canta al banchetto civico che conclude la federazione, delle strofe che furono trascritte

[76] (N.d.R.) All'epoca il percorso da Rouen ad Andelys era di circa 70 Km.

[77] Michelet, *Histoire de la Révolution*, Edizione del centenario, tomo I, p. 469.

[78] (N.d.R.) Il bicchier ottico (*verre d'optique*) contiene degli additivi atti a modificarne le proprietà ottiche e meccaniche. Rappresentò la base di partenza per tutta l'ottica di precisione, a partire dagli stessi occhiali.

[79] Maurice Lambert, *Les fédérations en Franche-Comté*, Parigi, 1890, in 8°.

[80] Les gardes nationales de Saint-Brice, Cravant, Vermenton, Noyers, etc. à l'Assemblée nationale ... (Bibl. Naz., Lb[39] 8850).

sul verbale:[81]

> Se la nobiltà e lo zucchetto
> Insulto alla nostra devozione
> Rl', rlan, rlatamplan!
> Chi se ne frega
> Rlatamplan!
> Tambur battente!

A Rennes, il verbale denuncia quelli che «raddoppiano i loro criminali sforzi, impiegano come ultima risorsa il pugnale del fanatismo e le paure della superstizione[82]».

Più significativi di questi incidenti senza eco sono le riconciliazioni solenni dei preti dei differenti culti sull'altare della Patria. Curati, pastori, rabbini abbandonano i loro vecchi odi, si dispiacciono dei passati lutti, si promettono sincera amicizia per l'avvenire e suggellano il loro giuramento con un bacio fraterno. A Montélimar, il curato e il pastore si gettano nella braccia l'uno dell'altro. I cattolici portano i protestanti alla chiesa e regalano al pastore il posto d'onore nel coro. Inversamente, i protestanti ricevono i cattolici alla predica e mettono il curato al primo posto. A Clairac (Lot-et-Garonne) pastore e curato aprono essi stessi il ballo patriottico che concluse la federazione[83].

È alla federazione di Strasburgo (13 giugno 1790) che procedettero, per la prima volta per quanto di mia conoscenza, a quella cerimonia del *battesimo civico* che, svuotata di ogni carattere confessionale, diventerà uno dei sacramenti del culto della Ragione. Cito il verbale:

«La sposa di M. Brodard, guardia nazionale di Strasburgo, aveva partorito un figlio lo stesso giorno del giuramento della federazione. Numerosi cittadini, impressionati dalla circostanza, chiesero che il neonato fosse battezzato sull'altare della Patria . . . Tutto era organizzato quando M. Kohler, della guardia nazionale di Strasburgo e della Confessione di Augusta, reclamò lo stesso favore per un figlio che la sua sposa aveva appena messo al mondo. Gli fu accordato ancora più volentieri poiché si colse l'occasione per mostrare

---

[81] Fédération des gardes nationales du district de Clamecy le 27 mai 1790. (Bib. Naz. Lb^{39} 8867).

[82] Procès-verbal de la fédération faite à Rennes, le 23 mai 1790, entre la garnison et la garde nationale de la même ville. (Bib. Naz., Lb^{39} 8850).

[83] Tratto da un articolo di Dide in *La Rèvolution française*. tomo I, p. 9.

l'unione che regna a Strasburgo tra i differenti culti . . .[84] ».

E il verbale descrive la cerimonia che ebbe luogo in grande pompa. Il bambino cattolico ebbe come madrina M.me Mathieu, cattolica, moglie del procuratore della Comune. Il bambino cattolico fu chiamato: Charles, Patrice, *Fédéré*, Prime, René De la Plaine, *Fortuné*; il bambino protestante: François, Frédéric, *Fortuné, Civique*. Quando i due ministri, luterano e cattolico, ebbero terminato ciascuno il proprio ufficio e si furono dati «il bacio della fraternità e della pace», al battesimo religioso fece seguito il battesimo civico propriamente detto:

«Fu tolto l'altare religioso. Le madrine, portando i neonati, occuparono il suo posto. Stesero le bandiere della federazione sulle loro teste. Le altre bandiere le circondavano, facendo tuttavia attenzione a non nasconderle agli sguardi dell'armata e del popolo. I capi e i comandanti si avvicinarono per servire da testimoni. Allora i padrini, in piedi sull'altare della Patria, pronunciarono con voce alta e udibile, in nome dei loro figli, il giuramento solenne di essere fedeli alla Nazione, alla Legge, al Re e di mantenere con ogni loro potere la Costituzione decretata dall'Assemblea nazionale e accettata dal re. Grida ripetute di *Viva la Nazione, Viva la Legge, Viva il Re,* si fecero subito udire da tutte le parti. Durante queste esclamazioni, i comandanti e gli altri capi formarono con le loro spade nude una volta d'acciaio[85] al disopra della testa dei bambini. Tutte le bandiere unite al di sopra di questa volta si mostrarono in forma di cupola, la bandiera della federazione sormontava il tutto e pareva incoronarlo. Le spade, toccandosi leggermente, lasciavo percepire un notevole ticchettio, mentre il decano dei comandanti dei confederati attaccava a ciascuno dei bambini una coccarda pronunciando queste parole: *Bambino mio, io ti nomino guardia nazionale, sii bravo e buon cittadino come il tuo padrino.* Fu allora che le madrine offrirono i bambini alla patria e li offrirono per qualche istante alla vista del popolo. A questo spettacolo le esclamazioni raddoppiarono. E questo spettacolo lasciò nell'anima un'emozione che è impossibile descrivere. Fu così che terminò la cerimonia di cui la storia non dà alcun esempio.»

Celebrato senza preti, sull'altare della Patria, sotto il tricolore, accompagnato dal giuramento civico a guisa di giuramento religioso, questo battesimo laico, dove la coccarda prende il posto dell'acqua e del sale, fa già pensare alle scene del 93. I ministri delle religioni ancora fanno la loro comparsa all'inizio della cerimonia, ma ben presto si eclissano, e, gettandosi nella braccia l'uno dell'altro, danno l'impressione di chiedere perdono dei loro errori passati.

---

[84] *Procès-verbal de la confédération de Strasbourg, 1790,* da Ph. J. Dannbach, stampatore della municipalità, in 8° (fondo Gazier).

[85] Cerimonia in uso nella massoneria.

Altri battesimi civici furono celebrati in seguito, per esempio a Wasselone, l'11 giugno 1790. Qui ancora le guardie nazionali formarono la volta d'acciaio sui neonati, e il padrino al posto del credo recitò il giuramento civico.

Celebrarono anche, ma più raramente, dei *matrimoni civici* sull'altare della Patria, per esempio alla federazione di Dòle il 14 luglio 1790[86].

Non è marginale notare che è nelle federazione che nasce l'usanza, così diffusa più tardi, di dare ai bambini dei nomi scelti al di fuori dei calendari religiosi. I due bambini battezzati a Strasburgo contano tra i loro nomi Civique e Fédéré. Non è anche curioso che le federazioni ci offrano il primo esempio di quel «riposo civico», che più tardi diventerà obbligatorio ogni decade? A Gray, il giorno della federazione, i cittadini si astengono dal lavoro dalla mattina alla sera, sull'esempio delle feste religiose. Benché la polizia non abbia prescritto nulla in merito, i negozi restano chiusi[87].

In breve, non è esagerato pretendere che i culti rivoluzionari siano già in germe nelle federazioni, che vi abbiano le loro radici. Quelle grandi scene mistiche furono la prima manifestazione della nuova fede. Esse li familiarizzarono con il simbolismo rivoluzionario, che divenne in seguito popolare. Ma, soprattutto, esse rivelarono agli uomini politici la potenza delle formule e delle cerimonie sull'animo delle folle. Suggerirono loro l'idea di mettere questo mezzo al servizio del patriottismo; fornirono un modello per i loro futuri sistemi di «feste nazionali», di «istituzioni pubbliche», di «culti civici», che immaginarono in grande numero dalla Legislativa, prima di realizzarlo sotto la Convenzione e sotto il Direttorio.

X

Feste civiche

Gli anni 1790, 1791 e 1792 sono pieni di feste patriottiche che, ricordando per alcuni aspetti le federazioni, annunciano e preparano il culto della Ragione.

Se le circostanze e le passioni politiche danno a ciascuna di queste feste un carattere particolare, tuttavia in tutte si ritrova la stessa ispirazione, il desiderio di onorare la nuova istituzione politica, di difenderla, di celebrare i ricordi dei grandi avvenimenti che l'hanno fatta nascere o che l'hanno consolidata, di testimoniare agli uomini che l'hanno fondata o preparata la riconoscenza pubblica. Queste riunioni sono quindi, al fondo, un culto reso alla Rivoluzione, alla Patria, alla Libertà, alla Legge, con qualsivoglia nome si chiami lo strumento della felicità attesa e l'ideale sognato. Nel loro cerimoniale come

[86] Dallo studio già citato di Maurice Lambert, *Les fédérations en Franche-Comté*.

[87] M. Lambert, studio citato.

nella loro ispirazione, esse assomigliano già alle feste del Terrore o alle feste delle decadi, alle quali serviranno spesso da modello.

Alcune hanno come scopo principale celebrare le grandi date rivoluzionarie e queste sono le *feste commemorative*. Altre sono delle dimostrazioni di gioia in occasione di avvenimenti politici presenti, e sono le *feste politiche*. Altre ancora sono delle testimonianze di ammirazione e di riconoscenza verso i buoni operai e i martiri della Rivoluzione, costituiscono quindi come un culto dei grandi uomini, un *culto dei martiri della libertà*. Infine, vi sono quelle destinate a ricompensare gli atti di coraggio o di probità e sono le *feste morali*.

Feste commemorative – Il 20 giugno

Il giuramento della Pallacorda, che era stato il primo atto di aperta resistenza dei deputati della nazione alle volontà reali, aveva lasciato nei cuori patriottici un durevole ricordo. Verso l'inizio del 1790 si formò, su iniziativa di Gilbert Romme[88], a Parigi e a Versailles, una società privata per «immortalare quella congiura che salvò la Francia» e per tre anni di seguito, il 20 giugno 1790, 1791, 1792, la società celebrò l'anniversario con feste civiche, delle quali la prima fu alquanto brillante[89]. Inquadrati «in battaglione civico», i membri della società entrarono a Versailles dall'avenue de Paris. In mezzo a loro, quattro volontari della Bastiglia portavano una «lastra di bronzo sulla quale era inciso in maniera incancellabile il giuramento della Pallacorda. Quattro portavano le rovine della Bastiglia destinate a sigillare sui muri della Pallacorda quella tavola sacra». La municipalità di Versailles venne incontro al corteo. Il reggimento delle Fiandre presentò le armi davanti «all'arca sacra». Giunti alla Pallacorda, tutti i presenti rinnovarono il giuramento in una «commozione religiosa». Poi un oratore li arringò: «I nostri figli verranno un giorno in pellegrinaggio a questo tempio come i mussulmani vanno alla Mecca. Ispirerà ai nostri pronipoti lo stesso rispetto del tempio eretto dai romani alla Pietà filiale ...» Tra le grida di allegria, gli anziani sigillarono sulla muraglia la tavola del giuramento: «Ognuno invidiò la fortuna di piantarlo». Tutti lasciarono con dispiacere questo luogo così caro agli animi sensibili: «Si abbracciarono a vicenda e furono ricondotti con pompa dalla municipalità, dalla guardia nazionale e dal reggimento delle Fiandre, fino alle porte di Versailles». Lungo la strada, rientrando a Parigi, «parlavano solo della felicità degli uomini; si disse che erano degli dei che erano in marcia». Al bois de Boulo-

---

[88] Aulard, Le Serment du jeu de Paume, in *La Révolution Française*, tomo XVII, p. 18.

[89] Ne faccio il racconto seguendo il verbale ufficiale: *Description du serment et de la fête civique célébrés au Bois de Boulogne par la Société du Jeu de Paume de Versailles, des 20 juin 1789 et 1790* (sic). (Bib. de la Ville de Paris, 12.272).

gne, un pranzo di trecento coperti, «degno dei nostri vecchi antenati», fu servito loro da «giovani ninfe patriote». Sopra la tavola erano stati messi «i busti degli amici dell'umanità, di J. J. Rousseau, di Mably, di Franklin che sembrava ancora presiedere la festa». Il presidente della società, G. Romme, «lesse come benedizione i due primi articoli della Dichiarazione dei Diritti dell'uomo. Tutti i convitati ripeterono: *Così sia!*» Al dessert si diede lettura del verbale della giornata. «Quest'atto religioso provocò vivi applausi». Poi vennero i brindisi. Danton ebbe «la fortuna di fare il primo». «Disse che il patriottismo non doveva avere altro limite che l'universo, e propose di bere alla sua salute, alla Libertà, alla felicità dell'universo intero». Menou bevve alla salute della Nazione e del Re «che fa tutt'uno con lei», Charles Lameth alla salute dei vincitori della Bastiglia, Santhonax ai nostri fratelli delle colonie, Barnave al reggimento delle Fiandre, Robespierre «agli scrittori coraggiosi che avevano corso molti pericoli e che ne correvano ancora dedicandosi alla difesa della Patria». Un membro indicò allora Camille Desmoulins, il cui nome fu vivamente applaudito. Infine, un prode cavaliere terminò la serie di brindisi bevendo «al sesso incantevole che ha mostrato nella Rivoluzione un patriottismo degno delle dame romane». Allora, «delle donne vestite da pastorelle» entrarono nella sala del banchetto e incoronarono con foglie di quercia i deputati all'Assemblea nazionale: D'Aiguillon, Menou, i due Lameth, Barnave, Robespierre, Laborde. Un celebre artista[90], che assisteva alla festa, promise di impiegare il suo talento «per trasmettere alla posterità i tratti degli inflessibili amici del bene pubblico». Poi, quattro volontari della Bastiglia portarono sulla tavola la rappresentazione di «quell'antro del dispotismo e della vendetta dei re». Le guardie nazionali lo circondano, sfoderano le loro sciabole e la distruggono. «Quale fu la sorpresa degli spettatori! Attraverso i colpi di sciabola, scorsero un giovane bambino vestito di bianco, simbolo dell'innocenza oppressa e della Libertà nascente. Si alzarono. Non potevano saziarsi di contemplarlo. Trovarono sulle stesse rovine un berretto di lana, emblema della Libertà. Lo misero sul capo del bambino. Perquisirono ancora le rovine. Trovarono numerosi esemplari della Dichiarazione dei Diritti dell'uomo, estratti delle opere di Rousseau e di Raynal. Le gettarono qua e là tra i convitati che si precipitarono gli uni sugli altri per averne un esemplare. Ognuno portò con sé qualche coccio della Bastiglia . . . ».

Sarebbe superfluo commentare un simile racconto. Sotto la sensibilità e le pastorali dell'epoca, vi si sente l'aspro odio del regime scomparso, il bisogno di distruggere tutto ciò che lo ricorda, nello stesso tempo un ardente desiderio verso una società migliore, della quale i Legislatori, coronati di quercia, preparano l'avvento.

---

[90] Il pittore David.

Il 14 luglio

Una società privata aveva preso l'iniziativa di commemorare l'anniversario del 20 giugno. Le autorità costituite, la stessa Assemblea nazionale, regolarono la commemorazione del 14 luglio.

Probabilmente, non era solo per festeggiare l'anniversario della presa della Bastiglia che si riunirono, il 14 luglio 1790, al Campo di Marte, i delegati di tutte le guardie nazionali di Francia. Quella Federazione generale oltrepassava la portata di una cerimonia commemorativa. Era veramente la festa della Patria, la festa della nuova Francia. Così la stessa Federazione, «questa festa augusta, la più maestosa, la più imponente che, da quando conosciamo i fasti del mondo, abbia onorato la specie umana», la Federazione diventò uno dei grandi avvenimenti della Rivoluzione e come tale fu commemorata a sua volta come la presa della Bastiglia. Gli anni seguenti, la festa del 14 luglio fu consacrata al tempo stesso ai due anniversari riuniti e confusi.

Nel 1791, senza attendere che una legge lo imponesse, la maggior parte delle municipalità celebrò il doppio anniversario[91]. A Parigi le autorità e le guardie nazionali si riunirono con una delegazione dell'Assemblea sulle rovine della Bastiglia e da là si portarono in corteo al Campo della Federazione, dove Gobel celebrò la messa sull'altare della Patria. Secondo il *Moniteur*[92], il numero degli spettatori fu considerevole.

Prima di sciogliersi, la Costituente fece del 14 luglio una festa legale decretando che il giuramento federativo fosse rinnovato in quel giorno, ogni anno, nel capoluogo del distretto[93].

Nel 1791, la festa era stata oscurata dal ricordo recente della fuga di Varennes; nel 1792, fu accresciuta dalla vicinanza del 10 agosto. Il 14 luglio 1792, a Parigi, una delegazione dell'Assemblea si recò sulle rovine della Bastiglia per assistere alla posa della prima pietra della colonna della Libertà che doveva erigersi, con le cure del patriota Palloy, sullo spiazzo dell'odiosa fortezza. Alla cerimonia che ebbe luogo in seguito al Campo della Federazione, il clero, per la prima volta, non ebbe alcuna parte[94]. Nel corteo si notavano una statua della Libertà, portata da sei «cittadini vestiti seguendo il nuovo costume proposto da David», una statua di Minerva, portata alla stessa maniera su una ba-

[91] Quelle di Bourges, Chàlons, Strasburgo tra le altre.

[92] *Moniteur*, ristampa, tomo IX, p. 129.

[93] Decreto del 29 settembre – 14 ottobre 1791 (sez. III, art. 20).

[94] Se dobbiamo prestare fede a Robinet, op. cit., tomo II, p. 514.

rella di tre colori e scortata dagli anziani che tenevano dei bambini per mano. Vicino all'altare della Patria, una piramide onorava i cittadini morti per la Libertà, e un «albero nobiliare» pieno di scudi, di pergamene, di cordoni di ordini soppressi, posto a esecrazione del passato scomparso. Alla fine della cerimonia, gli anziani e i personaggi ufficiali diedero fuoco all'albero nobiliare mentre dei bambini, delle donne e degli invalidi depositavano delle corone di quercia e dei fiori sul mausoleo dei martiri della Libertà. Poi intonarono l'inno, ben presto celebre, di J. Chénier:

Dio del Popolo e dei re, delle città, delle campagne . . .[95]

Nei dipartimenti, il 14 luglio fu celebrato, come a Parigi, con abbondante uso di allegorie classiche. Ma, pressoché ovunque, la messa fu detta sull'altare della Patria.

Il 4 agosto

Sia perché il ricordo fosse stato troppo favorevole agli ordini privilegiati; sia, al contrario, che i decreti, tutti teorici, votati in quella famosa notte avessero lasciato troppa delusione nel cuore dei patrioti, l'anniversario del 4 agosto fu lontano dall'ottenere gli stessi onori di quello del 14 luglio. Le autorità se ne disinteressarono. Solo alcuni privati, peraltro abbastanza sconosciuti, ebbero l'idea di commemorarlo, ma i loro progetti non furono realizzati. Uno di essi, alla fine del 1789, propose di organizzare una festa nazionale che sarebbe stata celebrata tutti gli anni «in quel giorno immortale[96]». In ogni città avrebbero costruito un tempio dedicato alla Libertà. Luigi XVI avrebbe avuto la sua statua nella navata. I 1.200 deputati, «cooperatori, agenti, strumenti della felicità generale», avrebbero avuto egualmente i loro ritratti appesi ai muri del tempio. «Ogni madre *sarà* obbligata ad andare a presentare il proprio figlio nel tempio, dove *sarà* investito del diritto di cittadino e *riceverà* un nome. Questa specie di *Battesimo patriottico* lo renderà il bambino della Nazione rigenerata».

I migliori poeti drammatici saranno incaricati di comporre un brano sul *Trionfo della Libertà* e il brano sarà recitato davanti al popolo tutti gli anni il 4 agosto.

C'è appena bisogno di dire che il progetto non ebbe alcun seguito.

Almeno una volta tuttavia, l'abolizione della decima fu celebrata con dei festeggiamenti. Nel 1791, la società dei confratelli di Gémeaux (distretto di

[95] (N.d.R.) *Chant du 14 Juillet*, di Marie-Joseph Chénier (1764-1811).

[96] Fête nationale qui sera célébrée tous les ans le jour immortel di 4 août, in 8°, 8 p., (Bib. De la Ville de Paris).

Riom), presieduta da G. Romme, commemorò l'abolizione della decima con una festa che aprì la mietitura. La municipalità, circondata dagli abitanti, si recò in un campo appena mietuto e ricordò le benefiche leggi con la quali la Rivoluzione aveva liberato la terra. La festa terminò in chiesa con un *Te Deum* di ringraziamento[97].

Qualche tempo dopo, nel settembre 1791, gli abitanti di Septmoncel (Giura) celebrarono a loro volta con una festa civica l'abolizione del servaggio[98].

Feste politiche

La fede rivoluzionaria consisteva essenzialmente nelle speranze di felicità che faceva concepire la nuova istituzione politica. Non è dunque strano che i principali atti politici che annunciavano la prossima messa in vigore della Costituzione, così attesa, abbiano provocato delle feste civiche, attraverso le quali si manifestava la speranza universale.

Quando la Francia apprese, il 4 febbraio 1790, che il re aveva solennemente promesso di mantenere la costituzione preparata dall'Assemblea nazionale, si lasciò andare a trasporti di grande gioia. Parigi fu illuminata per due giorni di seguito. Il giuramento civico, prestato dall'Assemblea nazionale, dopo la visita del re, fu ripetuto in tutti i comuni nelle cerimonie patriottiche. Infine, quando la Costituzione fu compiuta, una grande festa fu organizzata a Parigi per la proclamazione solenne, il 18 settembre 1791. Le autorità andarono in corteo al Campo della Federazione. Il sindaco salì sull'altare della Patria e mostrò ai cittadini il libro della Costituzione. Dopo la cerimonia, diedero alla folla lo spettacolo, allora alquanto nuovo, della salita di un aerostato. Alla sera, l'illuminazione fu generale. «Delle ghirlande di fuoco univano tutti gli alberi dalla piazza Luigi XV fino al luogo chiamato Étoile[99]».

La domenica successiva, 25 settembre, la festa ricominciò e fu particolarmente brillante alla rotonda dei Champs-Elysées[100].

La Costituzione doveva essere proclamata più solennemente ancora alla grande Federazione del 10 agosto 1793.

---

[97] La festa è raccontata da G. Romme stesso in una lettera pubblicata dal *Feuille Villageoise* (n° 43, giovedì, 21 luglio 1792).

[98] Vedere a questo proposito nel *Feuille Villageoise* di giovedì 6 ottobre 1791, la lettera del curato di Septmoncel, Daller.

[99] Dal *Moniteur*, ristampa, tomo IX, p. 710.

[100] *Moniteur*, ristampa, tomo IX, p. 774.

Feste dei benefattori e dei martiri della Libertà   Feste funebri

Molto presto i patrioti organizzarono feste di ringraziamento in onore di tutti quelli che aveva preparato la Rivoluzione o che erano morti per essa. Prima di Marat, Chalier e Le Pelletier, altri santi politici ebbero le loro statue e i loro culti.

Desilles

Dopo lo sfortunato *affare di Nancy*[101], il 20 settembre 1790, una grande festa funebre fu celebrata al Campo della federazione in onore delle guardie nazionali che erano morte per sedare la rivolta degli Svizzeri di Châteauvieux. L'ufficiale Desilles, che aveva pagato con la vita gli sforzi per fermare lo spargimento di sangue, fu onorato con un busto, coronato di foglie di quercia, nella seduta dell'Assemblea nazionale del 29 gennaio 1791. Un quadro che rappresentava la sua eroica azione fu commissionato al pittore Lebarbier.

In quell'occasione, il deputato Gouy tirò in qualche modo la morale su questi onori postumi riservati dalla Rivoluzione ai suoi martiri e paragonò i santi laici ai santi religiosi e ai grandi conquistatori.

«Fino ad ora – disse – questa specie di culto, questa apoteosi, che nasce dalla riconoscenza e dall'ammirazione, era stato riservato per un'altra categoria di eroi. Era alle effigi consacrate dal furore delle conquiste che si conferiva questa pompa, che si indirizzavano queste acclamazioni. Sarebbe degno dell'umanità, della libertà, associarvi infine i *martiri del patriottismo*, di fare oggi di queste cerimonie ricompensatrici il prezzo dei sacrifici civici, i cui monumenti verranno a vivificare questo tempio della Costituzione. Una serie di immagini come quella che riceve oggi il tributo delle vostre lacrime e del nostro rispetto ne sarebbe il guardiano più degno e, se era possibile che questa Costituzione rigeneratrice trovasse dei nemici, la speranza di occupare un posto nel novero dei semidei dei quali avreste qui canonizzato il primo, sarebbe sufficiente per dargli degli imitatori . . . »

E Gouy propose esplicitamente di trasformare le feste civiche in uno strumento politico al servizio dell'Assemblea e delle nuove istituzioni.

«Ebbene, da questa terra inanimata, spetta solo a voi creare degli eroi. È ai legislatori dell'Impero che spetta di fecondare il germe che racchiude nel suo

---

[101] (N.d.R.) Nell'agosto del 1790, la città fu oggetto di una rivolta militare duramente repressa dalle truppe del marchese di Bouillé. Il reggimento di ussari di Lauzun caricò nelle strade della città provocando numerose vittime. L'avvenimento, ricordato come «*l'affaire de Nancy*» fu il principale episodio del periodo rivoluzionario in questa città.

seno e che solo le vostre cure possono far sbocciare. Se la corona civica, la più rispettabile di tutte, orna per vostro ordine le vittime immolate al patriottismo, non dubito che questo onore infiammerà i cuori dei 500.000 francesi che i vostri decreti chiamano alla sicurezza o alla difesa delle nostre frontiere. Non dubito che diventi uno scudo inespugnabile contro i nemici che osassero turbare i nostri utili lavori e che una ricompensa così magnifica non sia il bastione più sicuro contro gli avversari presenti e futuri della Costituzione . . . »

Probabilmente, il pensiero è ancora vago, ma si preciserà presto e, dal debutto della Legislativa, i capi patrioti penseranno a riunire gli elementi sparsi del culto rivoluzionario, a sistematizzarli per farne uno strumento di propaganda civica.

Mirabeau

Quando Mirabeau morì, gli furono tributati magnifici onori. Sainte-Geneviève fu trasformata in Pantheon per ricevere le sue spoglie e quelle di tutti i grandi uomini che, a suo esempio, avrebbero ben meritato dalla patria[102].

Voltaire

Voltaire a sua volta fu trasferito nel Pantheon, l'11 luglio 1791, in mezzo a una folla immensa[103]. «La festa – diceva il *Feuille Villageoise* – è stata sublime e commovente. Ha colpito e inorgoglito lo spirito del popolo, ha screditato le processioni e le immagini monacali, ha elettrizzato con un fuoco puro e celeste gli uomini più grezzi, ha raddoppiato il santo ardore del patriottismo e sparso da ogni parte i raggi della Filosofia. Questo giorno ha, per così dire, avanzato di un secolo i progressi della ragione[104]. . . » A quella data i patrioti non nascondevano già più la loro intenzione di opporre le loro feste civiche alle vecchie feste religiose.

Nel corso dell'anno 1792, le feste patriottiche si succedono a brevi intervalli e si generalizzano in tutta la Francia

---

[102] Decreto del 4-10 aprile 1791.

[103] Vedere le *Mémoires* di Miss Louise Phelps Kellog in *La Révolution française*, 1899, tomo XXXVII, p. 271 e segg. (N.d.R.) C'è da aggiungere che la successiva scoperta dei rapporti tra Mirabeau e la monarchia fu causa della profanazione della tomba e, nel settembre 1794, i suoi resti mortali furono tolti dal Pantheon per essere gettati nelle fogne di Parigi.

[104] *Feuille Villageoise*, n° 43, giovedì 21 luglio 1791.

Gli Svizzeri di Châteauvieux

Il 15 aprile 1792, vi è la festa della Libertà, organizzata da Collot d'Herbois e da Tallien in onore degli Svizzeri di Châteauvieux, vittime di Bouillé. Il corteo percorre le principali vie della capitale in mezzo a una grande affluenza di pubblico. Vi si vedevano figurare la Dichiarazione dei Diritti portata in trionfo, un modello della Bastiglia, dei busti di Franklin, di Sydney, di J. J. Rousseau, di Voltaire, le catene dei soldati di Châteauvieux portate da quattro cittadini, un carro della Libertà sormontato dalla statua della divinità, e infine i quaranta svizzeri sul Carro della Fama attaccato a venti superbi cavalli.

Rendendo conto di questa giornata, il *Moniteur* ne trasse questo insegnamento all'uso degli uomini politici: «Diremo di più agli amministratori. Date spesso di queste feste al popolo. Ripetete questa ogni anno al 15 aprile. Che la festa della Libertà sia la nostra festa primaverile, che altre solennità civiche segnino il ritorno delle altre stagioni dell'anno . . . Eleveranno l'animo del popolo, mitigheranno i suoi costumi, svilupperanno la sua sensibilità, rafforzeranno il suo coraggio, ne faranno, diciamo meglio, hanno già fatto un popolo nuovo. Le feste popolari sono la migliore educazione del popolo[105]».

Simoneau

Alla festa degli Svizzeri di Châteauvieux o festa della Libertà succedette presto, il 3 giugno 1792, la festa funebre in onore di Simoneau, o festa della Legge. Simoneau era quel sindaco di Etampes che era stato ucciso in una sommossa popolare perché voleva far rispettare la legge sulla sussistenza. Per i moderati della Legislativa o foglianti, la festa di Simoneau fu una risposta alla festa degli Svizzeri di Châteauvieux, che consideravano come la glorificazione della ribellione. Mentre quella era nata per iniziativa privata di qualche patriota avanzato, questa fu organizzata dalle autorità. Un decreto della Legislativa[106], completato da un'ordinanza del dipartimento di Parigi[107], regolò l'ordine e la composizione della cerimonia. Formato in faubourg Saint-Antoine, il corteo si portò al Campo della Federazione. Tra i principali em-

---

[105] *Moniteur*, ristampa, tomo XII, p. 139.

[106] Decreto del 12-16 maggio 1792.

[107] Programme arrêté par le Directoire du Département de Paris, pour la fête décrétée par l'Assemblée Nationale, le 18 mars 1792, à la mémoire de J.-G Simoneau, maire d'Étampes. (Bib. De la Ville de Paris, 12.272).

blemi si vedeva uno stendardo all'antica con i colori nazionali con il motto *la Legge*, un modello della Bastiglia, le insegne degli 83 dipartimenti con queste parole *Siamo uniti, saremo liberi*, una bandiera della *Legge*, un genio della *Legge* portato su un lettisternio, un bassorilievo rappresentante i tratti eroici del sindaco di Etampes con un corona civica e una ghirlanda di alloro, la sciarpa del virtuoso Simoneau con una palma e una fascia a lutto, il busto dello stesso, il libro della *Legge* su un trono d'oro portato dagli anziani, etc. Al Campo della Federazione si alzava l'altare della *Legge*, sul quale bruciarono del forte incenso.

Feste analoghe furono celebrate dei dipartimenti in onore di Simoneau, ad Angers[108], a Tulle, a Senlis, a Lione, etc.

A leggere i loro programmi, non si può non essere colpiti dalla rassomiglianza che offre il loro cerimoniale con quello delle feste funebri della Convenzione o del Direttorio. Che sia Desille o Simoneau, Mirabeau o Voltaire, Hoche o Joubert, il martire da glorificare, la forma esteriore della cerimonia resta pressoché identica. Gli stessi motivi, gli stessi emblemi, le stesse iscrizioni ritornano incessantemente. Questo culto postumo reso ai martiri della libertà, non andava solo agli uomini popolari, quelli il cui nome era su tutte le bocche; era riservato anche agli eroi di second'ordine e di terz'ordine dai loro parenti, amici, compatrioti.

Cerutti

Cerutti, il primo direttore del *Feuille Villageoise*, fu, sopraggiunta la sua morte all'inizio del 1792, oggetto di numerose cerimonie funebri organizzate dai suoi sostenitori[109].

Gouvion

Gouvion, l'amico di Lafayette, ucciso dai nemici il 9 giugno 1792, conobbe gli stessi onori di Cerutti[110].

---

[108] Ad Angers, fu La Révellièr che pronunciò il discorso. Procès-verbal de la cérémonie funèbre qui a été célébrée à Angers en l'honneur de Jacques-Guillome Simoneau, maire d'Étampes, mort pour le mantien des lois, le 10 avril 1792, par L.-M Révellière-Lépeaux, in 8°, 25 p., (Bib. d'Angers).

[109] Vedere nel *Feuille Villageoise* del 22 marzo 1792, il racconto di una di queste cerimonie che ebbe luogo ad Hâvre.

[110] Cérémonie religieuse et civique qui a lieu le 26 juin 1792 en l'honneur de Gouvion, à Francoville-la-Garenne, in 8°, 11 p., (Bib. Naz. Lb^{39} 6012).

Feste morali

Alle cerimonie più propriamente civiche si unirono ben presto le cerimonie di carattere più morale. Se è vero che le virtù pubbliche trovano la loro fonte nelle virtù private – e gli uomini delle Rivoluzione lo credono fermamente – perché queste non devono ricevere gli stessi onori di quelle?

Il 4 febbraio 1790, alla seduta della municipalità parigina, un granatiere, il cui nome non è stato conservato, ricevette una *corona civica* e una sciabola d'onore per aver salvato, il giorno della presa della Bastiglia, una giovane ragazza sul punto di essere lapidata dalla folla, che la scambiava per la figlia del governatore[111]. Altre cerimonie dello stesso genere furono organizzate a Parigi, ma l'esempio della capitale non tardò ad arrivare nei dipartimenti. Il 20 giugno 1792, il deputato Lacuée informò i suoi colleghi della Legislativa che il direttorio del Lot-et-Garonne aveva decretato una festa civica per ricompensare Jean Himonet, un carrettiere che, in una sommossa, aveva salvato un cittadino dal pericolo di quei giorni. Jean Himonet ricevette, *in nome della Patria*, una corona di quercia. Facendo il racconto di quella festa, Lacuée si felicitava dei sensibili progressi dello spirito pubblico; vedeva nelle ricompense conferite solennemente agli atti *virtuosi*, il preludio delle *prove politiche* dalle quali si riprometteva un gran bene[112].

La Patria non era dunque più considerata solamente come strumento di felicità materiale, diventava la salvaguardia della morale. Quando la vecchia religione rimandava nell'altro mondo le ricompense della virtù, la nuova religione le distribuiva già in questa vita. I culti rivoluzionari faranno largo spazio alla predicazione morale.

Feste morali, feste politiche, feste commemorative, feste dei martiri della Libertà, il cerimoniale della religione rivoluzionaria si trova ritratto nei suoi lineamenti essenziali dal 1792. Non è più artificiale della sua simbologia. L'uno e l'altra si formano spontaneamente, senza un piano precostituito, un po' per caso. Sono il prodotto anonimo dell'immaginazione collettiva dei patrioti.

---

[111] *Moniteur*, ristampa, tomo III, p. 295. La municipalità aveva già conferito una medaglia a una certa signora Bouju, per la sua condotta patriottica nelle giornate di ottobre, *Moniteur*, ristampa, tomo III, p. 281.

[112] *Moniteur*, ristampa, tomo XII, p. 727.

XI

Le preghiere e i canti patriottici – Influenza del teatro

Più ancora che con le sue cerimonie, un culto fa impressione sui fedeli con le preghiere e con i canti. Già di buon'ora il culto rivoluzionario ebbe le sue invocazioni e i suoi cantici. A una data che non è indicata, ma che non deve essere posteriore al 1791, un semplice soldato cannoniere della guardia nazionale di Blois, J. Bossé, fece comparire tutta una raccolta di preghiere patriottiche[113]. I curati filosofi che collaboravano allora al *Feuille Villageoise*, e che diventeranno più tardi i curati rossi del culto della Ragione, sentirono ben presto il bisogno di mettere in armonia la vecchia fede con la nuova. Nel novembre 1791, il curato di Ampuis (Loira), Siauve, che dirigerà nell'anno IV l'*Écho des Théophilanthropes*, compose una preghiera al Dio della giustizia e dell'uguaglianza, che destinava a rimpiazzar «la preghiera vecchia e superstiziosa della predica[114]». Poco dopo, uno dei suoi confratelli, Couet, curato d'Orville, pubblicava a sua volta un bella preghiera patriottica per chiedere a Dio di rendere i francesi degni della libertà[115]. Preghiere di questo genere figurano nei rituali dei culti della Ragione e dell'Essere supremo.

Dal 1792, la fede rivoluzionaria si esprimeva nelle canzoni, che mettevano ne cuore dei cittadini una reale ebrezza religiosa. Il *Ça Ira*, la *Carmagnole*, la *Marseillaise*, furono molto popolari.

Il teatro, di cui i francesi avevano la passione, contribuì a diffondere le arie patriottiche, e si riflesse a sua volta sulle cerimonie civiche. Dal 1790, misero in scena la politica. I «fatti storici», le «rappresentazioni spettacolari», le «tragedie nazionali» si moltiplicarono, sempre di più apprezzate dal pubblico. Nel 1790, è *La Famille patriote ou la Fédération* di Collot d'Herbois[116], il *Quatorze Jiullet 1789* di Fabre d'Olivet[117], l'*Autodafé ou le Tribunal de*

[113] Prières patriotiques avec des passages analogues tirés de l'Écriture Sainte, par J: Bossé, s. d., in 8°, 10 p. (fondo Gazier).

[114] *Feuille Villageoise* del 17 novembre 1791.

[115] *Feuille Villageoise* del 29 marzo 1792.

[116] Pièce nationale en deux actes, suivie d'un divertissement, représentée à Paris, sur le théâtre de Monsieur, le 13 juillet 1790, in 8°, 54 p.

[117] Fait historique en un acte et en vers, représenté à Paris au théâtre des Associés, en juillet 1790, in 8°, 55 p.

l'Inquisition di Gatiot[118], la *Fête de la Liberté ou le diner des patriotes* di Ch. Ph. Ronsin[119]. Nel 1791, è il *Guillaume Tell* di Sedaine[120], *Mirabeau aux Champs-Elysées* di Olympe de Gouges[121], il *Tromphe de Voltaire* di J.-B. Pujoulx[122], *Voltaire à Romilly* di Willemain d'Abancourt[123], la *Ligue des fanatiques et des tyrans* di Ch. Ph. Ronsin[124], la *France régénérée* di P.-J. Chaussard[125]. Nel 1792, l'*Apothéose de Beaurepaire* di Ch.-J. Lesur[126], il *Siège de Lille* di Joigny[127], il *Général Custine à Spire* dei cittadini D. D.[128], *Tout pour la Liberté* di Ch.L. Tissot[129], etc..

Un'opera come il *Triomphe de la République ou le Camp de Grandpré* di J. Chénier[130], con i suoi cori di donne e bambini, i suoi cortei di anziani, di

[118] Pièce à spectacle en trois actes, en prose . . . représentée sur le théâtre de l'Ambigu-Comique, le mardi 2 novembre 1790, in 8°.

[119] Comédie en un acte et en vers avec des couplets . . . représentée sur le théâtre du Palais-Royal, le 12 juillet 1790, in 8°, 1790.

[120] Drame en trois actes en prose et en vers . . .musique de Grètry . . . représenté au mois de mars 1791 sur le ci-devant Théâtre italien, in 8°.

[121] Comédie en un acte et en prose, représentée le 15 avril aux Italiens, in 8°.

[122] Italiens, 31 luglio 1791, in 8°.

[123] *Fait historique en un acte et en vers*, Théâtre Molière, 10 luglio 1791, in 8°.

[124] *Tragédie nationale en troi actes et en vers*, Théâtre Molière, 18 giugno 1791, in 8°.

[125] Pièce épisodique en vers et à spectacle, précèdée d'un prologue, Théâtre Molière, 14 settembre 1791, in 8°.

[126] *Pièce nouvelle en un acte et en vers*, Théâtre Français, 21 novembre 1792, in 8°.

[127] *Comédie en trois actes et en prose, mêlée de chant*, musica di Trial, Opéra-Comique, 21 novembre 1792, in 8°.

[128] Fait très historique en deux actes, à grand spectacle, mêlée de chants et de danses, Théâtre de l'Ambigu, novembre 1792, in 8°.

[129] *Comédie en un acte et en prose, mêlée de vaudevilles*, Théâtre des Variétés du Palais, 20 ottobre 1792, in 8°.

[130] Le Triomphe de la République ou le Camp de Grandpré, divertissement lyrique en

magistrati, le sue sfilate di militari, la sua apoteosi della Nazione, i suoi inni generosi, le sue invocazioni alla Libertà, alla Natura, non poteva mancare di presentare dei modelli da imitare per gli organizzatori delle feste patriottiche. Simili incanti, messi alla portata di tutti per la semplicità dell'azione e la banalità delle situazioni, davano al popolo l'abitudine e il gusto degli spettacoli, lo familiarizzavano inoltre con i principali motivi delle feste della Ragione.

Già le rappresentazioni patriottiche e le feste civiche tendevano a unirsi e a confondersi. Gli lettori del 1789 facevano recitare a Notre-Dame la *Prise de la Bastille* «dramma eroico di Desaugiers», nel corso della cerimonia civica che celebravano, il 13 luglio 1791, in commemorazione della grande giornata rivoluzionaria[131].

Nello stesso momento in cui la Costituente decretava una pompa funebre in onore di Desilles, si recitava al Théâtre italien il *Nouveau d'Assas*, spettacolo in musica consacrato all'apoteosi dell'eroe dell'affare di Nancy[132].

La piantagione degli alberi della Libertà fu messa in scena da Manuel nella commedia del *Chêne patriotique*.

Conclusione

Concludiamo. Esiste un religione rivoluzionaria il cui oggetto è la stessa istituzione sociale. Questa religione ha i suoi dogmi obbligatori (la Dichiarazione dei Diritti, la Costituzione), i suoi simboli, circondati da una venerazione mistica (i tre colori, gli alberi della Libertà, l'altare della Patria, etc.), le sue cerimonie (le feste civiche), le sue preghiere e i suoi santi. Non le manca nulla, alla fine del 1792, per essere una vera religione, che di prendere coscienza di se stessa, rompendo con il cattolicesimo dal quale non si è ancora completamente liberata. Questa separazione della nuova religione dalla vecchia religione non si è verificata in un sol colpo. Andiamo a vedere quale fu l'opera delle circostanze come quella dei partiti.

un acte, représenté par l'Académie de Musique, le 27 janvier, l'an II de la République française; la musique est du citoyen Gossec, les ballets du citoyen Gardel (di J Chénier, da Barbier), 1793, in 8°.

[131] Dal *Moniteur*, ristampa, tomo IX, p. 129.

[132] Dal *Moniteur* del 20 ottobre 1790. Lo spettacolo fu rappresentato il 15 ottobre.

II

COME È AVVENUTA LA ROTTURA TRA LA VECCHIA RELIGIONE E LA NUOVA?

CAPITOLO PRIMO

IL MOVIMENTO ANTICLERICALE SOTTO LA COSTITUENTE

I

I patrioti e la riforma del cattolicesimo

Nel 1789, nessuno o quasi nessuno tra i rivoluzionari, anche i più estremisti, pensava di attaccare frontalmente il cattolicesimo e di opporgli una nuova religione. Nessuno o quasi nessuno tra loro desiderava separare la Chiesa e lo Stato, tutti erano estranei all'idea di uno Stato interamente laico.

Il che non vuol dire, tuttavia, che molti tra loro non fossero degli anticlericali convinti e decisi, che non prendessero in considerazione le critiche del *Contratto sociale* contro il cristianesimo, religione *incivile*. Ma per necessità di tattica, poiché sentivano che la grande maggioranza del popolo era ancora molto credente, rimettevano il loro anticlericalismo in fondo al loro cuore e affettavano all'occasione un grande rispetto per il cristianesimo. Non era da parte loro pura affettazione e pura tattica. Pensavano con Rousseau, con Voltaire, con la grande maggioranza dei filosofi che, avendo il popolo bisogno di una religione, sarebbe stato imprudente togliere quella che aveva, prima che fosse maturo per quella «religione civile» che consideravano come la religione della società futura. E, in attesa, fingevano di accettare il cristianesimo, al fine di riformarlo, di epurarlo, di metterlo in armonia con la nuova istituzione politica, in una parola, al fine di levargli a poco a poco il suo carattere antisociale.

Nelle sue *Mémoires de l'Académie de Nîmes*, comparse nell'89, Rabaut Saint-Étienne, dava di questa tattica una definizione alquanto esatta, tutta ispirata di Jean-Jacques: «Non è tanto – dice – a distruggere l'energia morale della religione che bisogna lavorare. Bisogna pensare solamente a toglierla dalle mani dove è così mal riposta e associarla alla risorsa morale della politica, mettendola nelle mani dell'amministratore unico degli interessi sociali». Altrimenti detto, bisogna mettere la religione sotto la sorveglianza e il controllo dello Stato. Bisogna costituire il cattolicesimo in religione nazionale. Ma è solo un primo passo: «Diminuite – continua Rabaut – *insensibilmente* le processioni, le confraternite, le cerimonie di piazza e di strada . . . Abolite le *annate*[133], restringete le assemblee del clero, fatele presiedere da un uomo del Re. Verrà il tempo, dopo aver subordinato il clero al governo, di proporre la *Religione civile*, di farla concorrere con le leggi, e di congiungere nella stessa mano queste due energie. La potenza civile sarà per allora nel suo maggiore stato di forza[134]».

La Costituzione civile

I filosofi della Costituente adottarono questo programma e lo misero in pratica. La Costituzione civile del clero fu destinata nel loro pensiero a epurare il cattolicesimo e a metterlo in armonia con il nuovo regime. Era un'opera definitiva nel pensiero dei gallicani, cristiani sinceri, che la votarono, non era che un preludio, che un lavoro di avvicinamento per i filosofi, che unirono i loro suffragi ai loro.

Già, rifiutando di proclamare il cattolicesimo religione di Stato, i filosofi della Costituente avevano ipotecato l'avvenire. Il 10 febbraio 1791, fecero buona accoglienza alla petizione dei quaccheri che chiedevano: 1. di essere dispensati dal servizio militare; 2. di poter registrare le loro nascite, matrimoni e sepolture secondo le loro massime e che i loro registri facessero fede davanti alla giustizia; 3. di essere dispensati da ogni forma di giuramento[135].

Fecero ancora migliore accoglienza al rapporto in cui Durand de Maillane chiedeva la laicizzazione del matrimonio[136]. Dopo Varennes, infine, conserva-

---

[133] (N.d.R.) Le *annates* erano un imposta ricevuta dal Papa sui benefici ecclesiastici ogni qualvolta i seggi restavano vacanti. Furono abolite dall'Assemblea nazionale il 4 agosto 1789.

[134] *Mémoires de l'Académie de Nimes*, 7ª serie, tomo XVI, p. 231, citato da Lévy Schneider, *Le conventionnel Jeanbon-Saint-André*, 1901, in 8°, p. 89.

[135] *Pétition respecteuse des amis de la Société chrétienne appelés quakers, prononcée à l'Assemblée nationale, juedi 10 février 1791*, in 8°, (bib. Naz Lb[39] 4606). Il presidente dell'Assemblea rispose distinguendo i principi religiosi dalle massime sociali e assicurando i richiedenti che le loro richieste sarebbero state messe in discussione.

[136] Incaricato di esaminare i reclami dell'attore Talma contro il curato di Saint-Suplice

rono il loro trattamento ecclesiastico alle canonichesse che si maritavano, il che era un attentato indiretto al celibato ecclesiastico[137].

II

Curati riformisti e la questione del matrimonio dei preti

Ma i filosofi dell'Assemblea furono ben presto sorpassati dai filosofi esterni. La Costituzione civile non riusciva ad accontentare la parte più avanzata del clero che aveva giurato, quei curati riformisti che saranno presto i curati rossi dei culti rivoluzionari. Essa lasciava loro delle delusioni. Un prete di Amiens, Lefetz, in rapporti con Robespierre, gli scriveva, l'11 luglio 1790, per ricordargli la sua promessa di parlare in favore del matrimonio dei preti, riforma di una necessità assoluta[138].

Nel novembre 1790, i giacobini accordarono l'onore di una pubblica lettura a una lettera che un curato, «di cinquant'anni», aveva inviato all'Assemblea nazionale per chiedere di restituire ai preti la libertà di sposarsi, che era stata di uso costante nei primi secoli della Chiesa[139].

Già La Révellière aveva fatto inserire nel *cahier* del suo comune

che si rifiutava di celebrare il suo matrimonio, per la sola ragione che era attore, Durand de Maillane aveva proposto «che ogni matrimonio fosse valido agli occhi della legge per la sola dichiarazione che ne faranno le parti, nella forma stessa che la legge lo prescriverà». (Vedere il suo rapporto alla Bib. Naz., Le[29] 1512). L'Assemblea fece buona accoglienza al progetto, senza adottarlo formalmente. Tuttavia, scrisse nella Costituzione questa frase: «La legge non considera il matrimonio che come contratto civile». Costituzione del 1791, titolo II, art. 7.

[137] Decreto del 10-12 settembre 1791.

[138] La sua lettera è stata pubblicata nella raccolta intitolata: *Papiers trouvés chez Robespierre*, etc., 1828, 3 vol., tomo I, p. 117.

[139] Aulard, *Société des Jacobins*, tomo I, p. 382 e seg.. Seduta del 26 novembre 1790. «Per spegnere per sempre la fiamma del fanatismo che pare voler riaccendersi, il mezzo più sicuro è di riportare i preti allo stato di natura permettendo loro di impegnarsi nei dolci legami del matrimonio; allora, predicheranno la virtù con l'esempio e con le parole; allora, la considerazione che si attireranno i ministri renderà la religione più cara e più rispettabile; allora, liberati a dei sentimenti più umani, i preti avranno delle vedute più pacifiche; allora, non avranno degli interessi opposti a quelli della società; allora, saranno uomini, saranno cittadini . . . »

l'abolizione del celibato dei preti[140].

Numerosi pamphlet, dei quali molti opera di ecclesiastici, posero la questione davanti all'opinione pubblica e riuscirono, sembra, a scuoterla[141]. Presto questa propaganda si tradusse in azioni, si ebbero dei preti che non attesero il 93 per prendere moglie[142].

Su altri punti ancora i preti riformisti chiedevano di completare, di migliorare la Costituzione civile. Carré, curato di Sainte-Pallaye (Yonne), chiedeva all'Assemblea nazionale di sostituire alla liturgia latina una liturgia in francese e la sua richiesta non passò inosservata[143].

Un curato, il cui nome non è stato conservato, dava l'esempio dal 1790 di rinunciare all'abito ecclesiastico e si presentava «in abito borghese e in coda)

[140] *Mémoires*, tomo I, p. 60.

[141] Si troveranno le indicazioni di qualcuno in Tourneux, *Bibliographie*, tomo III, p. 386 e seg. Tra i primi per data citerei: *Le cri de la nation à ses pairs* o *Rendons les prètres citoyens*, di Hugou de Basseville, membro di numerose accademie e del Comitato del distretto delle Filles Saint-Thomas, Parigi, 1789, in 8°, 86 p. (Bib. Naz. Lb[39] 2194); *Le cahier des vœux er doléances de tous les gens de bien du baillage* (sic) *d'Aval*, in 8°, 8 p. (Bib. De la Ville de Paris, 32.282). L'art. XIX di quest'ultimo pamphlet, interamente redatto in versi, è così concepito:

> Che fare solo in mezzo alla campagna?
> Lo spirito è debole e il diavolo cattivo.
> Ai nostri curati si diano delle compagne.
> È così dolce abbracciare un bambino!

[142] L'abate Bernet de Bois-Lorette, cappellano della Guardia nazionale parigina, battaglione di Popincourt, si maritò nel 1790 (Robinet, op. cit., tomo II, p. 18), l'abate Cournand, professore al Collegio di Francia, si sposò nel settembre 1791 (*ibidem*, p. 23), gli abati Herberie e Aubert l'imitarono alla fine del 1791 (*ibidem*, p. 23-24).

[143] *Culte public en langue française, adressé à l'Assemblée nationale par M. Carré, curé de Sainte-Pallaye, département d'Auxerre* (sic), 1° marzo 1790, in 8°, (Bib. Naz. Lb[32] 3053). Carré cita in appoggio del suo indirizzo i seguenti estratti dei *cahier* degli Stati Generali: «Saint-Quentin in Vermandois, p. 6: «Che l'uniformità sia nel culto esteriore della religione dominante, stabilendo le stesse feste, gli stessi catechismi e lo stesso breviario». Mantes e Meulan, p. 250: «Noi dobbiamo, per la soddisfazione del Terzo Stato, esprimere il desiderio che esso avrebbe di vedere la liturgia comune. Noi oggi parliamo con piacere di questa richiesta che ci prova che i sentimenti sono uguali, poiché si desidera che la maniera di pregare lo sia allo stesso modo. Piacesse a Dio che questa richiesta fosse stata fatta da trecento anni . . . ». Parigi, extra muros, p. 30: «Sarebbe desiderio che gli uffici e le preghiere pubbliche fossero in lingua francese».

al Club dei Giacobini, dove era vivacemente applaudito. Lo stesso curato aveva fondato nella sua parrocchia un club patriottico. Faceva ai suoi parrocchiani un doppio catechismo, «in uno, *spiegava* i doveri di una religione santa che prega la sottomissione e l'umiltà; nell'altro, *interpretava* i decreti e ispirava ai suoi parrocchiani, i suoi fratelli, i suoi amici e ragazzi, il rispetto che è dovuto alle volontà di una nazione unita nel cuore e nello spirito e al suo re adorato[144]».

Il *Feuille Villageoise*

I curati riformisti ebbero presto, alla fine del 1790, un grande giornale per profondere la loro prosa, il *Feuille Villageoise*[145], del quale usufruirono largamente.

Fondato da Rabaut-Saint-Étienne, Cerutti e Grouvelle, il *Feuille Villageoise* fu per eccellenza l'organo degli innovatori religiosi. Molto prudente ai suoi esordi, non si proponeva in apparenza che di difendere la Costituzione civile e di portare nelle campagne l'istruzione patriottica. Si indirizzava contemporaneamente al curato patriota e al maestro di scuola[146]. Ma a poco a poco, con il pretesto di confutare i refrattari[147], inserì degli attacchi più o meno velati contro la stessa religione. Dal numero 20 (giovedì 10 febbraio 1791), pubblicava una *Ricetta contro una vecchia malattia che gli storici chiamano Fanatismo*, piena di critiche alquanto vivaci, anche se ancora indirette, contro i dogmi cattolici. I numeri seguenti raddoppiavano in audacia, facevano per esempio l'elogio della religione naturale e, secondo le teorie che Dupuis presto svilupperà nel suo *Origine de tous les cultes*, ritrovavano nel cristianesimo i simboli naturalisti: «Né i monaci, né i papi, né i secoli, né le novità di ogni specie

---

[144] In *Patriote français* del 29 dicembre 1790, citato da Aulard, *Société des Jacobins*.

[145] *Feuille Villageoise, adressée chaque semaine à tous les villages de la France, pour les instruire des lois, des événements, des découvertes qui intéressent tout citoyen; proposée par souscription aux propriétaires, fermiers, pasteurs, habitants et amis des campagnes.* Il primo numero data 30 settembre 1790. Consultare su questo giornale la sostanziale informazione di Tourneux. *Bibliographie*, tomo II, n° 10.571.

[146] Il suo primo numero è preceduto da una doppia incisione, di cui una rappresenta il curato patriota e l'altra il maestro di scuola, entrambi mentre leggono il *Feuille Villageoise* ai contadini riuniti davanti alla chiesa.

[147] (N.d.R.) Erano detti *refrattari* i preti che si erano rifiutati di prestare il giuramento alla Costituzione civile.

hanno mai potuto spostare le quattro grandi feste del Sole o della Religione agricola [la religione primitiva]. *San Giovanni* perpetua la festa del solstizio d'estate, la *Vergine* la festa dell'equinozio d'autunno, Natale quella del solstizio d'inverno, il giorno di Pasqua, infine, perpetua quella dell'equinozio di primavera e la resurrezione di Cristo si combina santamente con la resurrezione delle campagne, che la primavera fa rinascere e rifiorire. L'Egitto celebrava, commemorava nello stesso giorno la resurrezione simbolica di Osiride. La Fenicia celebrava, commemorava nello stesso giorno la rinascita di Adone, la Frigia quella di Athys, la Grecia quella di Psiche, la Sicilia quella di Proserpina, la Persia, infine, quella di Orostomade[148]». P. Manuel, che non tarderà a diventare il primo capo degli scristianizzatori, si indignava nello stesso giornale che si fossero fatte dire messe per l'anima di Mirabeau! «Delle MESSE[149] per Mirabeau! Del pane per i poveri non sarebbe stato meglio?». E Manuel citava con forza elogiativa la patriottica condotta di una piccola municipalità del Loiret, Mormant, il cui sindaco, P. Bardin, *che era nello stesso tempo curato*, aveva sostituito le messe con delle distribuzioni di pane ai poveri, «essendo le benedizioni dei poveri le preghiere più gradite agli occhi dell'Eterno[150]».

Probabilmente, in un avvertimento messo all'inizio del secondo volume del loro giornale, Grouvelle e Cerutti sembravano disconoscere gli attacchi contro il cattolicesimo che avevano accolto nelle loro colonne. Ma la loro dissociazione sembrava essa stessa una critica alla religione, della quale si dicevano rispettosi:

«Ci hanno rimproverato di avere anche noi dimostrata poca tolleranza verso il papismo, ci hanno rimproverato di non aver sempre risparmiato l'albero immortale della fede. Ma che si consideri da vicino quest'albero inviolabile e si vedrà che il fanatismo si è talmente intrecciato in tutti i suoi rami che non si può scuoterne uno senza sembrare scuoterne un altro».

Il *Feuille Villageoise* proseguì la sua propaganda anticlericale. I curati riformisti continuarono a scrivervi a fianco dei filosofi: Géruzez, curato Sacy, vicino a Reims, a fianco di Gilbert Romme e di Lanthenas; Mahias, curato di Achères (Seine-et-Marne), a fianco di Ginguené e di Jacques Boileau; François-Nicolas Parent, curato di Boissise-la-Bertrand, Siauve, curato d'Ampuis, che finiranno tutti e due nella Teofilantropia, a fianco di François de Neufchâteau e di M.me de Sillery. Gli uni e gli altri hanno nei loro articoli

---

[148] N° 31, giovedì 28 aprile 1791.

[149] Sottolineato nel testo.

[150] Espressione dello stesso Bardin nell'ordinanza che fece prendere al suo Consiglio municipale. L'ordinanza è pubblicata nel n° 32 del 5 maggio 1791.

le stesso tenore.

Dal primo anno, il giornale contava 15.000 sostenitori, notevole cifra per l'epoca. Non metto in dubbio che senza la campagna abile e prolungata del *Feuille Villageoise*, l'opera di scristianizzazione di Chaumette e di Fouché sarebbe stata impossibile.

III

Campagna anticlericale

Il *Feuille Villageoise* fu il giornale dei filosofi per eccellenza, ma altri grandi giornali politici, la *Chronique de Paris*, di Condorcet e Rabaut[151], le *Révolutions de Paris*, di Prudhomme[152], condussero insieme al primo la battaglia e inserirono dal 1790 degli attacchi più o meno diretti contro la Costituzione civile e contro il cristianesimo. Era manifesto che i filosofi si imbaldanzivano, e che il rispetto leggermente ipocrita, del quale avevano dato prova fino ad allora nei confronti della religione, cominciava a pesare loro sempre di più.

Anacharsis Cloots e la separazione di Stato e Chiesa

Dal marzo 1790, Anacharsis Cloots rinunciava a trattare con oculatezza il cattolicesimo: «Se una religione è necessaria al popolo – scrive nella *Chronique de Paris*[153] – non può essere che la religione naturale», e crede arrivata l'ora di fondare quella religione naturale che Rousseau e Rabaut-Saint-Étienne avevano sono intravisto in un incerto domani. Non solo preconizza il matrimonio dei preti, il divorzio, la diminuzione del numero dei vescovi, poi la loro soppressione, ma gli scappa anche di pensare che non vi sono altri preti che i padri di famiglia. Il suo anticlericalismo si afferma nei pamphlet, nella stampa e persino alla tribuna dei giacobini. Nel suo timore di una religione dominante, passa presto all'idea della laicità dello Stato. Propone ai giacobini «di imitare gli americani uniti, che hanno il buon senso di riconoscere un unico corpo politico, dove la sovranità non ha religione, benché i membri di questa

[151] Tra i suoi collaboratori comparivano anche Ch. de Villete, Pierre Manuel, Anacharsis Cloots.

[152] Dopo la morte di Loustallot, ebbe come redattori Sylvain Maréchal, Fabre d'Eglantine, Santonax e Chaumette.

[153] *Chronique de Paris* del 29 marzo 1790, citato sa H. Baulig; *Anacharsis Cloots, historien et théoricien*, in *La Révolution française*, tomo XLI, p. 319. Traggo dallo stesso articolo le informazioni che seguono.

sovranità possono averne una individualmente. La religione è una relazione tra Dio e la mia coscienza, ma non tra Dio e delle coscienze prese collettivamente . . .[154]». Una volta posto il principio ne trae tutte le conseguenze, vuole proibire tutte le manifestazioni esteriori dei differenti culti, «concentrare l'esercizio dei culti nei recinti degli oratori[155]».

Molto presto la religione non gli sembrava più indispensabile alla vita della società, passa all'ateismo e si mette ad attaccare apertamente le basi di tutte le religioni. Il 20 aprile 1791, porta a Fauchet la sfida di discutere pubblicamente le prove e le fondamenta del cristianesimo[156] e, in questa occasione, chiede formalmente che la Costituzione civile sia applicata e che lo Stato cessi di stipendiare i preti, che chiama «dei dicitori di buona o cattiva sorte».

Naigeon

Anacharsis Cloots, al quale C. Desmoulines apriva il suo giornale, non rimaneva isolato in questa campagna per la laicità dello Stato. L'ateo Naigeon sviluppava considerazioni analoghe alle sue in un *Indirizzo all'Assemblea Nazionale sulla libertà d'opinione, su quella della stampa, etc . . . , o esame filosofico di queste questioni: 1° Si deve parlare di Dio e in generale di religione in una Dichiarazione dei Diritti dell'uomo? 2° La libertà d'opinione, qualsivoglia ne sia l'oggetto, quella di culto e la libertà di stampa possono essere legittimamente circoscritte e limitate in qualunque modo dal legislatore[157]?*

Naigeon vi chiedeva, prima di Cloots, la separazione dello Stato dalla Chiesa. Voleva bandire il nome di Dio dal diritto naturale, dal governo civile, dal diritto delle genti, dalla morale. Si pronunciava energicamente per la soppressione del salario ai preti.

Il suo opuscolo fece impressione perché i cattolici provarono a replicare. Uno di essi coprì Naigeon di insulti e dichiarò che non era che l'organo di tut-

---

[154] Mozione di un membro del Club dei giacobini, di Anacharsis Cloots, Parigi, 18 marzo 1790, in *Société des Jacobins*, tomo I, p. 33.

[155] Lettera agli autori della *Chronique de Paris* del 29 marzo 1790 in H. Baulig, art, cit., p. 321.

[156] Camille Desmoulins pubblicò la sua sfida nelle *Révolutions de France et de Brabant* del 1° maggio 1791.

[157] Parigi, 1790, in 8°, 140 p. L'opuscolo è anonimo, ma l'esemplare della Bib. Naz. (Lb[39] 3081) porta sulla copertina: di Naigeon.

to un potente partito all'Assemblea[158].

Sylvain Maréchal e il Culto domestico

Senza andare così lontano come Cloots e Naigeon, l'ateo Sylvain Maréchal, si augurava a sua volta la soppressione della casta sacerdotale[159]. Ma mentre Cloots e Naigeon sembravano fare la guerra all'idea religiosa stessa, Maréchal, stimando che il popolo non era ancora maturo per il razionalismo, chiedeva il mantenimento di un culto, ma di un culto domestico, che non avrebbe avuto che vantaggi. Metà scherzando, metà serio, descriveva questo culto senza preti che voleva istituire. I più anziani di ogni comune faranno l'ufficio dei preti. «Una venerabile barba prenderà il posto degli ornamenti sacerdotali». Il prete capofamiglia sposerà, seppellirà, «attesterà la nascita dei bambini». Come culto, «seduto sulla soglia della sua porta durante la bella stagione o davanti a un comodo e caldo focolare d'inverno», pronuncerà delle omelie corte e toccanti. Offrirà «le primizie della terra al Dio della Natura», farà cantare dei cantici alternativamente alle giovani ragazze a ai giovani ragazzi. Due volte l'anno, darà la comunione ai suoi bambini; all'inizio della mietitura, distribuendo loro un dolce di fini fiori di frumento; all'inizio della vendemmia, facendo fare il giro della tavola a un grande ciborio riempito di vino nuovo. All'epoca delle grandi feste delle rogazioni[160], il 1° aprile, farà con i suoi ragazzi il giro dei suoi possedimenti invocando «il dio della fecondità». Tutti gli anni, all'inizio dell'inverno, verso il periodo della vecchia festa di Ognissanti, commemorerà il ricordo degli antenati deceduti che hanno onorato la famiglia. A Natale, celebrerà la nascita dei bambini. Il giorno del vecchio venerdì santo, indirizzerà delle consolazioni ai membri della famiglia che avranno sofferto «sia per una malattia, sia per sofferenze di spirito o di cuore». Quando i bambini maschi avranno vent'anni, le ragazze quindici, il prete capofamiglia conferirà loro la cresima davanti ai parenti riuniti. «Il giovane uomo si offrirà a testa nuda . . . L'officiante gli coprirà il capo con il berretto della Libertà, di-

---

[158] *Préservatif contre un écrit intitulé Adresse à l'Assemblée Nationale . . .*, in 8° (Bib. Naz., Lb³⁹ 3082).

[159] In un opuscolo intitolato: *Décret de l'Assemblée nationale portant règlement d'un culte sans prêtes, ou moyen de se passer de prêtes sans nuire au culte*, Parigi, 1790, in 8° (Bib. Naz. Lb³⁹ 8650).

[160] (N.d.R.) Nel cattolicesimo le rogazioni erano atti di fede e penitenza che avevano luogo per propiziare la buona riuscita delle seminagioni. Si svolgevano il 25 aprile (maggiori) e nelle tre giornate precedenti l'Ascensione (minori).

cendogli: «ti saluto in nome dei tuoi famigliari e dei tuoi simili.. La natura ti ha fatto uomo come noi, noi te ne confermiamo i diritti, conferma a noi i tuoi doveri».

Queste immaginazioni non facevano sorridere quanto noi potremmo credere e, così efficacemente come la logica di Cloots e Naigeon, minano a poco a poco la Costituzione civile.

Il magistrato-prete

Al culto domestico proposto da Maréchal, un anonimo che potrebbe essere, secondo certe indicazioni, Boissy d'Anglas, preferiva un teismo di Stato. In una curiosa pubblicazione, comparsa certamente nel 1790 e il cui titolo dice bene il contenuto, il *Magistrat-Prête*[161], proponeva, secondo le sue espressioni, «il ristabilimento dell'ordine con la riunione del pontificato e della sovranità nazionale, del sacerdozio alla magistratura e il sacrificio degli interessi dei preti al bisogno di conservare la religione . . . ». Altrimenti detto, ritenendo che la Costituzione civile lasciava ancora alla Chiesa troppa forza nello Stato, l'anonimo autore voleva istituire una nuova religione di Stato, che non sarebbe stata il cristianesimo, ma il teismo.

Il cristianesimo è antisociale, è una religione di schiavi, è il più sicuro appoggio degli imperi dispotici. L'Assemblea nazionale ha avuto torto nello stipendiare i ministri del cristianesimo romano, ha così stipendiato l'intolleranza, l'amore del dominio, «gli automi della Provvidenza». Bisogna, dunque, distruggere il cristianesimo, ma bisogna rimpiazzarlo. Non è vero che una società di atei possa sopravvivere, Bayle non ha potuto sostenerlo se non con un sofisma. Gli atei in buona fede non esistono. Del resto, quand'anche fosse vero che la religione non sarebbe che «una superstizione depurata», «non si può negare che la superstizione stessa fa parte della natura dell'animo umano». Bisogna quindi prendere gli uomini come sono. Poiché sono naturalmente superstiziosi e necessita loro una religione, che questa religione favorisca almeno la libertà, lontano dal nuocere ad essa, e che sia alle dirette dipendenze della Nazione. I preti saranno dei magistrati amovibili e temporanei nominati dal popolo e insegneranno il puro teismo. Spetterà all'Assemblea nazionale, che sta per riunirsi, di apportare alla Costituzione civile del clero le riforme necessarie, e per questo bisogna che questa assemblea sia «riconosciuta sovrana per quanto riguarda la parte spirituale del culto religioso». Fatte queste riforme, l'unità sarà ristabilita tra la Religione e la Legislazione, tra la Chiesa e lo Stato, tra il Cielo e la Terra, quell'unità feconda che aveva fatto la felicità delle città antiche!

---

[161] *Le Magistrat-Prête,* s. l. n. d., in 8° 16 p. (Bib. Naz. Ld⁴ 3755).

Pamphlet anticlericali

Queste predicazioni non restano senza eco. Lo prova il numero sempre crescente di pamphlet anticlericali[162] e il successo che alcuni di questi ottengono. La prima edizione de l'*Esprit des Religions* di Bonneville si esaurisce «con una rapidità di cui ci sono pochi esempi nei tempi della Rivoluzione[163]». Il pamphlet di Ginguené, *De l'Autorité de Rabelais dans la Révolution présente, et dans la Constitution civile du Clergé*[164], non era stato accolto con minor favore.

Vi si ritrova la verve licenziosa dei favolelli contro i preti e le monache in numerosi degli scritti di circostanza che, con il pretesto di applaudire alla Costituzione civile, alla confisca dei beni della chiesa, alla chiusura dei conventi, se la prendono in realtà con la Chiesa e la stessa Religione. Il titolo è talvolta così indecente che è difficile da riportare[165].

Uno di questi scritti satirici, sotto il titolo di *Enterrement du despotisme ou Funérailles des aristocrates*[166], descriveva in anticipo nel 1790, uno dei cortei grotteschi, una di quelle mascherate antireligiose, come si svolgeranno nelle strade tre anni più tardi: «Degli uomini vestiti di nero con la fascia porteranno di luogo in luogo in cima a delle picche delle pelli di tigre, delle piume, dei pennacchi, delle cotte, delle almuzie, degli abiti rossi, etc . . . , e tutto

[162] M. Tourneux ne ha segnalato qualcuno nella sua *Bibliographie*, tomo III, cap. II.

[163] Dal *Moniteur* del 31 agosto 1792. Questo numero annuncia la comparsa della seconda edizione.

[164] *De l'Autorité de Rabelais dans la Révolution et dans la Contitution civile du Clergé, ou Institutions royales, politiques et ecclésiastiques, tirées de Gargantua et de Pantagruel. En Utopie, de l'imprimerie de l'abbaye de Thétème.* Parigi, Gattey, 1791, in 8° (Bib. Naz. Lb^{39} 4493, di Ginguené, da Barbier).

[165] Vedere Tourneux, *Bibliographie*, tomo III, n° 15519, 15520, 15531, 15522, 15523, 15524, 15525.

[166] *Enterrement du despotisme ou Funérailles des aristocrates, deuxième fête nationale dédiée* (sic) *à nos patriotes bretons . . . à l'honneur et gloire de nos beaux frères du faubourg Saint-Antoine pour être célébré* (sic) *le 17 juillet 1790, sur les débris de la Bastille, de là, au Champ de Mars, et ensuite au Réverbère régénérateur, place de Grève, où seront déposées les cendres de tous les aristocrates avenc un marbre noir, portant ces mots: Ci-gissent* (sic) *à la fois tous les maux de la France: Clergé, Judicature, Noblesse et Finance.* 1790, in 8° (Bib. de la Ville de Paris 12272).

ciò che è in rapporto con le vecchie dignità del clero e della nobiltà e, soprattutto, con il vecchio arcivescovo di Parigi, mentre dà la benedizione con la sua zampa . . .».

Il movimento anticlericale inquieta i Giacobini

Il movimento anticlericale fu ben presto abbastanza forte da preoccupare i politici prudenti. Il 9 gennaio 1791, i giacobini inviano una circolare[167] alle loro società affiliate per metterle in guardia contro le trappole dei preti refrattari. La circolare prendeva con vivacità la difesa della Costituzione civile. Disapprovava implicitamente gli attacchi dei quali era stata oggetto da parte dei filosofi troppo frettolosi. Protestava contro la voce, sparsa con «ostentazione», secondo la quale l'Assemblea si proponeva di distruggere «il culto dei nostri padri». «Quale assurda calunnia!» , era trasformare i filosofi, con un'abilità perfida, in alleati e in complicità con i refrattari.

Il 13 giugno 1791, per testimoniare ancor meglio il loro rispetto del cattolicesimo, i giacobini accordano l'onore della loro seduta «ai giovani comunicandi della chiesa metropolitana». La scena era stata preparata in anticipo, poiché uno dei comunicandi pronunciò un discorso: «Appena usciti dalle mani della Religione, veniamo in mezzo a voi per dare prova del patriottismo di cui siamo infiammati . . .», e il priore che presiedeva il club rispose: «Voi siete stati appena adottati dalla religione. La patria vi adotta a sua volta[168]».

IV

La Religione della Patria considerata come un complemento della Costituzione civile

Ma se i giacobini facevano ancora professione di rispettare la religione, mettevano già al suo fianco la Patria, che anche era una religione.

Molto presto venne loro l'idea, più o meno coscientemente, di completare in qualche modo la Costituzione civile con un insieme di feste nazionali, di cerimonie civiche, che sarebbero state più specificatamente la scuola del patriottismo. Da allora, la Costituzione civile non era altro nel loro animo che una concessione necessaria fatta al passato, le feste nazionali preparavano la via alla religione dell'avvenire.

Quest'idea di organizzare a poco a poco un culto civico, complemento e

---

[167] Vedere la circolare in Aulard, *Société des Jacobins*, tomo II, p. 4.

[168] Vedere il verbale della seduta in Aulard, *Société des Jacobins*, tomo II, p. 501.

correttivo dell'altro, non fu suggerita agli uomini politici da vedute teoriche, da considerazioni astratte. I simboli rivoluzionari, le feste civiche non attendevano per nascere l'intervento degli uomini politici. Al contrario, fu lo spettacolo del culto rivoluzionario già tutto formato nelle Federazioni, che provocò da parte loro il desiderio di perfezionare, di sistematizzare, di farne, in una parola, uno strumento politico[169]. All'indomani stesso della Federazione, un curato patriota, partigiano dell'abolizione del celibato ecclesiastico e anche progressista in politica quanto i curati del *Feuille Villageoise*[170], concepiva il progetto di organizzare delle feste patriottiche per far amare la Costituzione. «Il miglior trattato di morale di un popolo libero – scriveva[171] – sarebbe probabilmente la raccolta delle feste della Libertà. È con dei giochi e degli spettacoli che si possono ispirare agli uomini l'amore dei costumi e il coraggio della virtù. Il linguaggio severo delle leggi, se si fa intendere al cuore umano, non ne persuade facilmente l'osservanza, perché esse impongono solo sacrifici, e solo l'entusiasmo, l'emulazione della gloria possono comandare dei sacrifici . . . »

L'idea faceva la sua strada. Dopo la fuga di Varennes, Gilbert Romme, raccontando nel *Feuille Villageoise* la festa civica che era stata organizzata per festeggiare l'abolizione della decima, chiedeva a sua volta che le feste patriottiche fossero generalizzate. A fianco della religione cristiana, parlava di costruire la religione della Legge. «La Legge è la religione dello Stato, che deve anche avere i suoi ministri, i suoi apostoli, i suoi altari e le sue scuole[172].» Nella stessa lettera, G. Romme chiedeva anche la revisione della Costituzione e faceva intendere un linguaggio repubblicano. Non è dubbio che il 20 giugno

---

[169] Questa osservazione è già stata fatta da Victor Moulins in una memoria per il diploma di studi presentata alla Sorbona: «Sono degli avvenimenti reali, le feste spontanee delle Federazioni e non le teorie di J. J. Rousseau sui festeggiamenti pubblici, che hanno deciso i rivoluzionari a organizzare delle feste periodiche». *Université de Paris. Positions des mémoires présentés à la Facultè des Lettres pour l'obtention du diplôme d'études supérieures, (Histoire et Géographie)*. Parigi, 1896, in 8°. La memoria è intitolata: *L'Institution des fêtes civiques et nationales pendant la Rèvolution jusqu'à l'établissement di calendrier républicain. (mai 1789, octobre 1793)*, di Victor Moulins, laureando in lettere.

[170] Criticava l'articolo della Costituzione che proclamava la persona del re inviolabile e sacra e la corona ereditaria.

[171] *Conféderation nationale du 14 juillet 1790, ou description fidèle des réjouissances publiques qui int accompgné cette auguste cérémonie*, Parigi, 1790, in 8° (Bib. De la Ville de Paris, 12272). Questo scritto periodico ebbe solo tre numeri. La citazione è tratta dal n° 2.

[172] *Feuille Villageoise*, n° 43, giovedì 21 luglio 1791.

1791 fece molto per il progresso delle idee progressiste in religione come in politica.

Mirabeau e le feste nazionali

Gli stessi Costituenti si lasciarono a poco a poco trascinare nel movimento. Nel luglio 1791, con il titolo di *Travail sur l'éducation publique trouvé dans les papiers de Mirabeau l'ainé*[173], Cabanis editò quattro discorsi inediti di Mirabeau, dei quali uno trattava «delle feste pubbliche, civili e militari». Qui, il pensiero ancora vago di Romme e del curato patriottico si è precisato, ampliato, si è trasformato in una visione politica sistematica.

Le feste nazionali, dice Mirabeau in sostanza, ridiventeranno quelle che sono state in Grecia e a Roma, una scuola di patriottismo e di morale. Esse riporteranno a poco a poco l'unità tra la «magistratura e il sacerdozio»; esse faranno sparire le divisioni, le diffidenze, i pregiudizi dei cittadini. Il loro oggetto «deve essere solamente *il culto della Libertà,* il *culto della Legge*». Inoltre, non vi si mischierà mai «alcun apparato religioso». « La severa maestà della religione cristiana non le *permette* di mescolarsi agli spettacoli profani, ai canti, alle danze, ai giochi delle nostre feste nazionali e di condividere i loro focosi trasporti.

Con questa ragione speciosa, della quale dovette sorridere interiormente, Mirabeau salvaguardava l'indipendenza della nuova religione e si riservava probabilmente di contrapporla, poi di sostituirla alla vecchia in un avvenire più o meno lontano. Così l'unità «del sacerdote e della magistratura» sarà ristabilita come nell'antichità.

Ci saranno ogni anno quattro feste civili che si celebreranno ai solstizi e agli equinozi, fino al più piccolo comune: 1°, la festa della *Costituzione*, in memoria del giorni in cui i comuni di Francia si costituirono in Assemblea nazionale; 2°, la festa della *Riunione* o dell'*Abolizione degli ordini*; 3°, la festa della *Dichiarazione dei Diritti*; 4°, la festa dell'*Armamento* o della *Presa d'armi*, «in ricordo dell'ammirevole accordo e del coraggio eroico con il quale le guardie nazionali si formarono di colpo per proteggere la culla della libertà.

Le quattro feste civili saranno seguite da quattro feste militari: 1°, la festa

---

[173] Parigi 1791, in 8° (Bib. Naz., R 23024). Su questa pubblicazione vedere lo studio critico di Ha Monin in *La Révolution française* del 14 settembre 1893. Che il lavoro sia di Mirabeau o di Cabanis, poco importa per la nostra tesi. In un modo o nell'altro, la sua influenza fu la stessa. Importa poco anche che Mirabeau sia stato sincero proponendo di istituire delle feste pubbliche dalle quali il cattolicesimo sarebbe stato escluso. O che abbia, al contrario, teso un tranello ai patrioti spingendoli verso misure estreme, come ha potuto sostenere verosimilmente De Robinet, op. cit., II, p. 14. Noi dobbiamo considerare unicamente la portata della pubblicazione.

della *Rivoluzione*; 2°, la festa della *Coalizione*, «in memoria della condotta delle truppe di linea nell'estate del 1789, quando la voce della Libertà le riunì attorno alla Patria; 3°, la festa della *Rigenerazione*; 4°, la festa del *Giuramento militare*, «il cui scopo è di far sentire all'armata i suoi particolari rapporti con la cosa pubblica, di ricordarle i suoi doveri in modo sensibile».

Ci sarà, inoltre, tutti gli anni, al 14 luglio, una grande festa nazionale, la *festa della Federazione o del Giuramento*. In quel giorno tutti i distretti del regno invieranno a Parigi un delegato preso indifferentemente tra gli ufficiali, i sottufficiali o i soldati semplici.

Mirabeau tratteggiava in anticipo il programma di queste feste nazionali. Nelle feste civili, verrà pronunciato «l'elogio funebre degli uomini che avranno reso servizio alla Patria o che l'avranno onorata con i loro talenti[174]»; vi saranno distribuite «tutte le ricompense pubbliche, i premi delle Accademie, quelli dei collegi[175]»; vi verranno rappresentate delle commedie teatrali[176]; vi verranno esposti i nuovi capolavori delle pittura, della meccanica, infine, di ogni arte[177].

Non erano, ricordiamolo ancora una volta, sogni di uno spirito astratto, invenzioni di una immaginazione fantasiosa, ma ideazioni da uomo di stato che non tarderanno a passare ai fatti, che sono già in via di esecuzione. Come il curato patriota della prima ora, Mirabeau si è ispirato, in effetti, all'esempio della Federazione e delle numerose feste civiche che seguirono[178].

Il suo lavoro postumo non avrà una minore importanza per la formazione

[174] È il tema delle feste dei martiri della Libertà.

[175] È il tema delle feste morali.

[176] Le rappresentazioni teatrali si erano già mischiate alle feste civiche.

[177] È l'idea dell'Esposizione nazionale prevista nei cinque giorni complementari del calendario repubblicano (rapporto di Fabre d'Eglantine), e realizzata da François Neufchâteau, alla fine dell'anno VI.

[178] «Ricordate quel giorno memorabile in cui, da tutte le parti dell'Impero, accorrevano in una dolce ebrezza, i bambini della Costituzione, per giurarle sotto i vostri occhi una invincibile fedeltà. Ricordate quella moltitudine di scene toccanti e sublimi, di cui la capitale fu allora teatro, e che si ripeterono come per una sorta di simpatia o di ispirazione, non solamente nelle nostre campagne più vicine, ma quasi nelle nazioni più lontane. Quel giorno non avete mostrato l'uomo sotto una nuova luce? . . . Vorrei, Signori, parlarvi anche della festa funeraria celebrata poco tempo dopo nello stesso luogo . . . » Stesso discorso *sub finem*.
a) Festa delle guardie nazionali uccise a Nancy, 20 settembre 1790.

dei culti rivoluzionari. Ha sistematizzato un'idea ancora vaga e le ha dato l'autorità del suo grande nome. I numerosi progetti di culti civici che seguiranno saranno imitati dal suo e non vi aggiungeranno pressoché nulla di essenziale. Egli è il primo, infine, ad aver detto con chiarezza che bisognava separare la religione dal cattolicesimo. I suoi consigli non andranno persi.

Talleyrand

Già nei voluminosi rapporti che presentò a nome del Comitato dell'istruzione pubblica negli ultimi giorni della Costituente, Talleyrand si ispirò al progetto di Mirabeau, suo amico[179]. Le feste nazionali sono da lui considerate come una parte dell'istruzione pubblica, come la scuola degli uomini fatti. Spera, con Mirabeau, che diffonderanno nei francesi «l'amore della Patria, quella morale pressoché unica dei vecchi popoli liberi». Con Mirabeau, ancora, pensa che la religione sarà spiazzata dalle feste nazionali dell'«allegria» e, pur scostandosene, le conserva un posto nelle feste del «dolore». Poco importa che non segua Mirabeau punto per punto, che riduca a due le feste periodiche, quelle del 14 luglio e del 4 agosto, che non separi in modo netto il cattolicesimo dal «culto della Libertà», nondimeno il suo progetto va in pratica ad opporre alla vecchia religione la nuova religione.

Conclusione

La Costituente non ebbe il tempo materiale di discutere il progetto di Talleyrand. Essa tenne comunque, prima di separarsi, a consacrare con un voto di principio l'istituzione delle feste nazionali. Su proposta di Thouret, adottò *all'unanimità* questo articolo aggiuntivo alla Costituzione: «Saranno istaurate delle feste nazionali per conservare il ricordo della Rivoluzione francese, rinsaldare la fraternità tra i cittadini, legarli alla Patria e alle leggi[180].»

Non è esagerato credere all'insaputa della maggioranza di coloro che lo votarono, i culti rivoluzionari erano in germe in questo articolo.

---

[179] *Rapport sur l'instruction publique*, Parigi, 1791, in 4°.

[180] Costituzione del 1791, titolo 1°.

CAPITOLO SECONDO

Il movimento anticlericale sotto la Legislativa

I

Ottobre-dicembre 1791

Dalle sue prime sedute, la Legislativa ebbe ad occuparsi della questione religiosa. La Costituzione civile del clero aveva provocato gravi agitazioni in tutta la Francia, soprattutto nelle campagne[181]. I preti costituzionali erano soprattutto nelle città ed egualmente erano molestati dai partigiani dei refrattari[182]. Incaricati di far applicare la legge, la maggior parte dei municipali lo faceva debolmente, quando non favoriva apertamente i refrattari. Vedendosi sul punto di essere aggirati, i giacobini, che erano i migliori sostenitori del clero costituzionale, chiesero all'Assemblea di assumere nuovi provvedimenti contro i preti ribelli. Diventava evidente che la Costituzione civile aveva mancato il suo scopo. Anziché sostenere la nuova istituzione politica, piuttosto la minava e preparava la sua rovina. Davanti al pericolo inaspettato e davanti al rimedio da trovare, i patrioti si divisero. Quelli che avevano preso partito per il clero costituzionale non vollero abbandonarlo. Immaginandosi, forse, che l'agitazione religiosa non fosse che superficiale e che sarebbe scomparsa se si intimidivano i veri responsabili delle agitazioni, i preti refrattari, proposero di prendere contro di essi tutta una serie di misure di coercizione. Altri patrioti, al contrario, più lungimiranti o meno impegnati nella causa del clero costituzionale, ripugnarono il ricorso alla forza e alla violenza per consolidare o imporre la nuova chiesa ufficiale. Rispettosi della libertà dei culti inserita nella Dichiarazione dei diritti, combatterono le misure straordinarie proposte contro i refrattari. Chiesero che questi godessero nella pratica del loro culti la stessa libertà degli altri. Altrimenti detto, per spirito politico o per scrupolo liberale, essi si avviarono verso la concezione dello Stato laico, verso quella separazione delle Chiese e dello Stato, che solo gli speculativi, minoranza dei

---

[181] Vedere il rapporto di Gensonné e Gallois, inviato come commissari in Vandea e nei Duex-Sèvres (pubblicato nel *Moniteur* il 10 novembre 1791).

[182] Come a Caen. Vedere Robinet, op, cit., tomo II, p. 78.

pensatori, irregolari senza influenza, avevano esaltato fino ad allora.

Il partito dei separazionisti si sgonfiò subito, tanto più che ai «filosofi» puri si unirono presto i partigiani mascherati dei preti refrattari, che videro nella separazione il modo di allontanare dalla loro chiesa l'imminente persecuzione.

Godefroy

Prima che la Legislativa si riunisse, un certo Godefroy, «maestro di matematica», reclamò la «soppressione assoluta» della Costituzione civile del clero in uno scritto dalla logica stringente[183]. Di ogni religione, diceva in sostanza Godefroy, essendo essenzialmente affare di coscienza, lo Stato deve occuparsi solo dal punto di vista del buon ordine. In materia religiosa tutto il suo diritto consiste nel fare dei regolamenti di polizia. Ora, vi sono numerosi francesi che non si servono per nulla dei ministri dei culti e, tuttavia, li si obbliga a contribuire al loro mantenimento. Il numero dei francesi che si servono dei ministri di culto non ufficiali è ancora maggiore e li si obbliga, anche loro, a contribuire alle spese del culto, loro nemico. «Che il mantenimento dei funzionari pubblici, come i giudici civili, pesi sui cittadini, nessuno ha il diritto di lamentarsene, poiché se qualcuno dice per evitarlo che è deciso a non intentare mai nessun processo ad alcuno, gli si risponderà, con ragione, che non è certo che gli altri facciano la stessa cosa nei suoi confronti . . . Ma non si può dire la stessa cosa a quelli che non seguono la religione della quale lo Stato paga i ministri . . . » Inoltre, che non si provi a salvare la Costituzione civile invocando l'interesse della morale: «Diranno che i ministri costituzionali sono necessari per formare e regolare i costumi dei cittadini? Ma allora bisognerà dire anche che non ci saranno i buoni costumi che tra i cittadini istruiti dai ministri costituzionali, che la morale dei ministri degli altri culti non può produrre che la corruzione e conseguentemente che la sana filosofia esige l'intolleranza!» E Godefroy concludeva: quelli che vogliono dei preti li paghino. «È così che furono mantenuti i preti della prima chiesa. San Pietro e San Paolo e i loro primi successori non erano stipendiati dai sovrani». Non è solo la logica, secondo lui, i principi politici che richiedono questa soluzione, ma la sana politica. «Questo distruggerà una delle principali cause della funesta divisione che affligge il regno e *che mette tutta la Costituzione in pericolo in caso di invasione straniera . . .* »

[183] *La nation grevée constitutionnelement pour une Religion*, s.l. n.d., in 8° (Bib. Naz. Lb[39] 4576). Firmato alla fine: «M. Godefroy, maestro di matematica, strettia della Brasserie, rue Travarsière, chez le Maréchal, dallo stampatore di Tremblay, rue Basse St-Denise, 11». La data dell'opuscolo è indicata dal suo contenuto. L'autore si rivolge alla Legislativa come a un'assemblea che sta per riunirsi.

Un anonimo

Forse, Godefroy non poteva predire meglio. Un anonimo, che potrebbe anche essere un deputato della Legislativa, trattava a sua volta la questione della separazione con non meno buon senso e più profondità[184].

«Il Governo civile – esordiva – come soprattutto si è costituito in Francia, non deve occuparsi più di religione che di fisica e di astronomia». La Costituzione civile deve scomparire, una religione che domina presuppone delle religioni dominate. «Che il governo faccia costatare lo stato dei cittadini senza l'intromissione dei preti, che le nascite, i matrimoni, le morti siano certificate da altri e non da loro! . . . » La laicizzazione completa dello Stato non è solo reclamata dai principi, è imposta dalla situazione politica. «Dei due partiti che chiamano oggi il pensiero pubblico su questa questione, l'uno [i costituzionali] chiede che lo si aiuti a dominare e a perseguitare; l'altro [i refrattari], al quale è stato tolto questo comodo ruolo, chiede almeno che non lo si perseguiti . . . » Che non si obietti che lo Stato diffonderà l'irreligione se non protegge il culto. L'ateismo non deve essere temuto e, del resto, questa assurda dottrina esclude almeno il fanatismo.

André Chénier

Animo pagano, se lo fu, André Chénier si mise tra i primi tra i più caldi partigiani della separazione e la esaltò in un notevole articolo sul *Moniteur*[185], protestando contro i rigori che si riservavano ai refrattari: « . . . Noi non saremo liberati dall'influenza di simili uomini [i preti] che quando l'Assemblea nazionale avrà stabilito per ciascuno la libertà intera di seguire e di inventare la religione che gli piacerà; quando ciascuno pagherà il culto che vorrà seguire e non ne pagherà altri, e quando i tribunali puniranno con rigore i persecutori e i sediziosi di tutti i partiti. E se dei membri dell'Assemblea nazionale dicono ancora che il popolo francese non è ancora abbastanza maturo per questa dottrina, bisogna loro rispondere: questo può darsi, ma spetta a voi maturarci con la vostra condotta, con i vostri discorsi e con le leggi.» E per concludere chiedeva, anche lui, che gli atti di stato civile fossero tolti ai preti.

[184] In un'*Opionion sur les cultes religieux et sur leurs rapports avec le Gouvernement*, 1791, dalla tipografia Calixte Volland, rue des Noyers, n° 38, in 8°, 16 p., (Bib. naz, Ld⁴ 3555).

[185] Numero del 22 ottobre 1791, *Moniteur*, ristampa, tomo X, p. 166.

II

Discussione sui preti alla Legislativa

Nello stesso momento in cui André Chénier scriveva quell'articolo, si apriva alla Legislativa una lunga e burrascosa discussione sui preti refrattari. Per mesi, i partigiani del rigore e i partigiani della libertà, si scontrarono con i loro argomenti aspri e confusi[186].

Finalmente, i girondini credettero di trovare una soluzione d'insieme, e il decreto del 29 dicembre 1791[187], almeno apparentemente, diede soddisfazione alle due parti. Per salvaguardare il principio di libertà dei culti, pur autorizzando le misure di repressione, i girondini avevano avuto l'idea di esigere dai preti refrattari, al posto del vecchio giuramento della Costituzione civile, il giuramento civile puro e semplice. Se i refrattari rifiutavano, sarebbero stati colpiti non più come preti ma come cattivi cittadini. Rousseau non aveva dimostrato nel *Contratto sociale* che la società aveva il diritto di rigettare quelli dei suoi membri che rifiutavano di riconoscere le sue leggi fondamentali? Rifiutando di sottoscrivere il patto sociale, i refrattari si ponevano da soli al di fuori del diritto comune. Chiunque non voglia riconoscere la legge, «rinuncia volontariamente ai vantaggi che solo quella legge può garantirgli[188]».

Con questo espediente, i girondini fecero passare le mozioni dei partigiani delle maniere forti. I refrattari che non prestavano il giuramento civico sarebbero stati «reputati sospetti di rivolta contro la legge e di cattive intenzioni contro la patria[189]», e come tali potevano essere privati del loro stipendio e della pensione, si poteva rifiutare loro l'uso delle chiese[190], allontanarli dal loro domicilio[191], internarli nel capoluogo del dipartimento[192], etc.

Considerando superficialmente le cose, sembrerebbe che i partigiani della libertà fossero stati vinti, poiché di fatto la Costituzione civile rimaneva legge

---

[186] Vedere questa discussione nel *Moniteur.*

[187] Non firmato dal re.

[188] Preambolo dell'ordinanza in Duvergier.

[189] Art. 6.

[190] Art. 12.

[191] Art. 7.

[192] Art. 8.

dello Stato e lo Stato metteva al servizio del culto ufficiale la sua polizia e i suoi tribunali. Era una soddisfazione irrisoria quella d'aver fatto scrivere nel preambolo di un decreto persecutorio una dichiarazione di principio in favore della libertà di culto. Tuttavia, se si osserva un po' più da vicino, senza bisogno di rileggere lungamente i dibattiti, ci si accorge che in realtà la Costituzione civile usciva dalla battaglia più che diminuita, colpita a morte.

Partigiani e avversari della legge si erano trovati pressoché unanimi nel condannare l'opera religiosa della Costituente. Si sente da parte degli uni e degli altri lo stesso disprezzo per i preti, la stessa irreligione di fondo e se differiscono, è meno sulla questione di principio che sulla questione dell'opportunità. Questi credono di poter ritornare indietro, quelli temono che un arretramento sia fatale alla Rivoluzione. Ma gli uni e gli altri sono intimamente convinti che la Rivoluzione non si sarebbe fermata alla Costituzione civile. Già molti intravedono il culto civico che la sostituirà, ed è notevole che gli oratori che chiedono le misure più rigorose contro i refrattari siano i primi a reclamare la laicizzazione progressiva dei servizi pubblici, a denunciare l'ignoranza e il fanatismo come la vera e unica causa dei disordini e a proporre come rimedio sovrano l'organizzazione di una pubblica istruzione e, nell'attesa, di una propaganda civica che strapperà il popolo dal prestigio dei preti, alcuni dicono anche da tutti i preti.

Monneron de Nantes vuole che si colpiscano duramente i preti sobillatori, che li si condanni all'esilio, «ma – dice – non è sufficiente ai legislatori di un grande impero fermare il disordine, devono estirparne la radice. È l'ignoranza dei popoli che serve da fondamento ai trionfi dell'impostura sulla verità, è questa ignoranza che bisogna far scomparire . . . Sbrigatevi a distruggere il prestigio di una vecchia idolatria, costruite subito quelle scuole primarie che ha proposto M. de Talleyrand nella sua sublime memoria sull'istruzione pubblica, io propongo di farlo il più velocemente possibile e di mandare in tutti i dipartimenti un catechismo di morale e di politica che chiarisca al popolo i suoi veri interessi . . . [193]». Baert, che gli rispose, trovò, per combattere le misure di rigore, un argomento di grande forza e che fu applaudito: «Io non conosco mezze misure: o bisogna lasciare la libertà di coscienza o bisogna perseguitare; o bisogna dimenticare i preti e guardarli come dei semplici cittadini, cosa che sono solamente davanti alla legge, o bisogna rinnovare la mozione di don Gerle e dichiarare subito una religione dominante, vale a dire persecutrice. Guardiamoci dal dominio dei preti; non ricadiamo nell'infanzia dopo essere giunti alla maturità e non prolunghiamo la loro scandalosa discussione, dando loro un'importanza che cesseranno di avere da quando saranno

---

[193] *Moniteur*, ristampa, tomo X, p. 188, seduta del 21 ottobre.

al disprezzo che meritano[194]». Nessuno sui banchi dei vescovi costituzionali, che eppure erano numerosi nell'Assemblea, osò protestare contro questo linguaggio; nessuno ebbe l'idea di raccogliere la sfida o di riprendere da parte sua la mozione di don Gerle, certo dell'accoglienza che avrebbe avuto.

I vescovi costituzionali osservarono lo stesso silenzio impotente e rassegnato quando Hilaire, rincarando Baert, propose di decretare che «tutti gli incarichi e gli impieghi civili *sarebbero* incompatibili con il sacerdozio, salvo lo studio della teologia che potrebbe essere professato da ecclesiastici; infine, che gli atti di matrimonio, battesimo e di morte sarebbero stati registrati davanti alla cancelleria della municipalità, in presenza di un ufficiale municipale e due testimoni». Hilaire aveva sviluppato la sua proposta attaccando frontalmente l'istituzione del clero: «Sappiamo tutti per lunga esperienza che il clero, *chiunque esso sia*, non contento delle funzioni sacerdotali, si è sempre intromesso nelle funzioni civili . . . ». L'influenza dei preti, a sentirlo, «è sempre pericolosa e la loro opinione sospetta». «Abituati a credersi al di sopra degli uomini, vogliono dominarli, e solo da questo si credono più perfetti, ogni altro parere non è che il diminutivo delle aspirazioni che chiamano divine[195]». Il vescovo di Périgueux, Pontard, chiese che l'oratore fosse richiamato all'ordine e ai veri principi della Costituzione, ma l'Assemblea passò all'ordine del giorno.

Nei giorni seguenti le stesse opinioni anti sacerdotali furono portate sulla tribuna. Uguet[196] fece questa professione di fede: «Per un buon governo, la religione non è altra cosa se non l'esercizio delle virtù sociali; per il singolo che la professa essa è la sua opinione, il suo tempio è nel suo cuore, il suo culto è il suo pregiudizio, la libertà ne è il prete[197]».

Duclos reclamò la completa laicità dello Stato: «Separate da ciò che riguarda lo Stato tutto ciò che concerne la religione; assimilate le manifestazioni delle opinioni religiose a tutte le altre manifestazioni; assimilate le assemblee religiose a tutte le altre riunioni di cittadini; che tutte le sette abbiano la libertà di scegliere un vescovo o un iman, un ministro o un rabbino, come le società popolari, per esempio, hanno la libertà di eleggere al loro interno un presidente e dei segretari; che la legge si rivolga sempre al cittadino e mai al

---

[194] *Moniteur*, ristampa, tomo X, p. 189, seduta del 21 ottobre.

[195] *Moniteur*, ristampa, tomo X, p. 189, seduta del 21 ottobre.

[196] Il *Moniteur* dice Huret. C'erano due Huguet, uno deputato della Creuse, l'altro delle Ardenne. Vedere Kuscinski, *Les députés à l'Assemblée Législative*.

[197] *Moniteur*, ristampa, tomo X, p. 199, seduta del 24 ottobre.

settario di una qualunque religione. Infine, che l'esistenza civile e politica sia assolutamente indipendente dall'esistenza religiosa[198]».

Lequinio sostenne che tutti i culti, in fondo, si valevano e ricordò che «in tutte le religioni, la moltitudine è sempre stata vittima della sua ignoranza e che sono scorsi rivoli di sangue, che milioni di uomini sono stati dilaniati perché non si capivano[199]». Il suo discorso parve così audacie che mormorii lo interruppero. Probabilmente, i deputati non volevano ancora avere l'aria, davanti al paese, di approvare la campagna anti religiosa. Ma, a dispetto delle loro calcolate riserve, lasciavano intravedere sempre di più le loro vere opinioni.

Due giorni dopo, in un vigoroso discorso, Ramond fece il processo alla Costituzione civile, «in nome della filosofia».

Alla logica degli oratori «filosofi», i vescovi e i preti deputati non avevano niente da rispondere. Audrein, uno di loro, si limitava a chiedere all'Assemblea di tralasciare la religione dai suoi dibattiti e di «riconoscere i servizi resi alla Rivoluzione dai preti che avevano giurato[200]». Prendendo spunto dall'annuncio delle dimissioni recenti del metropolitano di Rouen, fece temere ai patrioti altre dimissioni di preti costituzionali. Se il movimento si generalizzava, che cosa diventerebbe la Rivoluzione? In una parola, ebbe l'aria di difendere con circostanze attenuanti la causa della Costituzione civile. Invocò in suo favore delle ragioni politiche, non prese di petto le argomentazioni dei suoi avversari.

Il focoso Fauchet, che comparve numerose volte alla tribuna, non fece altra cosa. Pronunciò una veemente filippica contro i refrattari, che «vorrebbero nuotare nel sangue dei patrioti[201]», che «lavorano per rovesciare l'edificio delle leggi», e reclamò la soppressione delle loro pensioni. Ma non provò a rispondere ai partigiani della laicità dello Stato.

Gli altri vescovi costituzionali che presero la parola, Torné, Bertrand, etc., per la maggior parte disapprovando il linguaggio intollerante del loro collega Fauchet, imitarono il suo silenzio sulla questione scottante. Con Audrein, pensavano, probabilmente, che la religione non avrebbe avuto alcunché da guadagnare in questa controversia. Senza provocare la loro risposta, Gensonné poté, a sua volta, denunciare la Costituzione civile, quell'errore politico che

---

[198] *Moniteur*, ristampa, tomo X, p. 216, seduta del 26 ottobre.

[199] *Moniteur*, ristampa, tomo X, p. 227, seduta del 27 ottobre.

[200] *Moniteur*, ristampa, tomo X, p. 284, seduta del 3 novembre.

[201] *Moniteur*, ristampa, tomo X, p. 218, seduta del 26 ottobre.

turbava il regno e metteva la Rivoluzione in pericolo. «Separiamo – diceva – dalla religione tutto ciò che attiene all'ordine civile, e quando i ministri del culto, che la nazione stipendia, saranno ridotti a dei funzionari puramente religiosi, quando non saranno più incaricati dei registri pubblici, dell'insegnamento e degli ospedali, quando non saranno più depositari dei soccorsi che la nazione destina all'umanità sofferente, quando avrete distrutto queste corporazioni religiose di preti secolari, assolutamente inutili, e questo nugolo di suore grigie, che si occupano meno di alleviare gli ammalati che di diffondere il veleno del fanatismo, allora, non essendo più i preti funzionari pubblici, potrete allentare il rigore delle leggi relative al giuramento ecclesiastico . . . [202]». Non erano dei concetti a lunga scadenza, delle minacce vane, Gensonné proponeva per decreto di incaricare il Comitato di legislazione di presentare il più presto possibile un progetto di legge sui «mezzi per certificare civilmente le nascite, i decessi e i matrimoni», e un altro progetto di legge per la soppressione delle ultime corporazioni religiose. Chiedeva, infine, la nomina di una commissione di dodici membri per occuparsi «dell'esame e della revisione delle leggi fatte dal corpo costituente sull'organizzazione civile del clero . . .».

L'Assemblea condivise il parere di Gensonné. Ordinò la stampa del suo progetto di decreto e incaricò il suo Comitato di legislazione di presentarle un rapporto entro otto giorni.

Il Comitato si presentò il 14 novembre. Il progetto di decreto che sottopose diede spazio alle rivendicazioni dei partigiani della laicità, nel suo articolo III era così concepito: «Sarà prontamente fatta una legge per regolare il modo di costatare gli atti di nascita, di matrimonio e di sepoltura». Il progetto, tuttavia, fu male accolto, perché non proponeva che delle misure anodine contro i refrattari. Isnard, in uno dei suoi bei momenti oratori, propose delle nuove misure. Il suo discorso improvvisato è forse il migliore di questa discussione, non solo perché lascia intravedere in parecchi momenti il retrostante pensiero dei filosofi, ma anche perché ebbe sugli avvenimenti un'influenza decisiva.

Il discorso di Isnard del 14 novembre

Per giustificare le misure d'eccezione che giudicava indispensabili contro i refrattari, Isnard pose la questione su un nuovo terreno. Fino a là, il dibattito era stato impostato interamente sul dilemma invocato dai partigiani della libertà: «o il prete non è che un fanatico o è un perturbatore; se non è che un fanatico, la legge non lo deve colpire, poiché è permessa la libertà dei culti; se è un perturbatore, esistono contro di lui delle leggi comuni a tutti i cittadini».

Per confutare il dilemma, Isnard sostenne che, per il carattere stesso di cui

---

[202] *Moniteur*, ristampa, tomo X, p. 287, seduta del 3 novembre.

è investito, il prete era già al di fuori del diritto comune e che, di conseguenza, non poteva essere sottoposto alla leggi comuni. Denunciò l'influenza del prete sulla società: «Il prete, dice Montesquieu, prende l'uomo in culla e l'accompagna sino alla tomba. Dunque, non è sorprendente che abbia così grandi mezzi di potere.» Contro i cattivi preti non c'era che da prendere un partito: l'esclusione dal regno, e tra gli applausi delle tribune e di una parte dell'Assemblea, Isnard esclamò: «Dirò che bisogna rimandare questi pestiferi nei lazzaretti di Roma e dell'Italia». A nessun costo bisognava loro permettere di continuare a predicare, a *dire messa*, a confessare. Come ubriacato dagli applausi, Isnard continuò esaltando il suo disprezzo non soltanto per i cattivi preti, ma per il prete: «Il prete non è perverso a metà; quando cessa di essere virtuoso divento il più criminale degli uomini». Gli applausi raddoppiarono. Che l'Assemblea non si lasci fermare da inutili scrupoli, che non si parli qui di rispetto delle coscienze. I refrattari «non piangono sulla sorte della religione che per recuperare i loro privilegi». E, nuovamente, Isnard, riprendeva a dire il suo disprezzo del prete, in termini sempre più veementi, e gli applausi ricominciavano: «Ognuno sa che, in generale, il prete è tanto vile quanto vendicativo, che non conosce altra arma che quella della superstizione, che è abituato a combattere nell'arena misteriosa della confessione, non è nulla nel campo di battaglia. I fulmini di Roma si spegneranno sotto gli scudi della libertà . . . ma passiamo oltre . . . » Senza spiegare chiaramente, Isnard lasciò intravedere che la Costituzione civile non sarà l'ultima parola della Rivoluzione. La Rivoluzione, a sentirlo, non era terminata. «No, necessita un finale alla Rivoluzione francese, io dico che, senza provocarlo, bisogna andargli incontro con coraggio; più tarderete, più il vostro trionfo sarà doloroso e arrossato dal sangue . . . » Qual era questo finale?

Isnard non lo spiegava. Ma i cattolici credettero di capire. Il *Moniteur* rileva che si alzarono dei mormorii in una parte dell'Assemblea. Isnard fece fronte alle interruzioni e ai mormorii, e la sua focosa parola continuò a predicare l'azione, l'energia ai patrioti sonnolenti. Bisogna schiacciare i refrattari, bisogna impiegare i grandi mezzi. «Bisogna tagliare la parte incancrenita per salvare il resto del corpo». Altrimenti, «la parte dei preti che hanno giurato, che abbraccia quella di tutti i patrioti, vale a dire dei cinque sesti della nazione, sarà indignata di vedersi abbandonata. Tralasciate di combattere i vostri nemici, essi diventeranno forse i vostri . . . », e, come se prevedesse in un prossimo avvenire che tale eventualità si realizzasse, che i preti costituzionali abbandonassero la Rivoluzione e si rivoltassero contro essa, Isnard esclamava: «Bisogna che il Corpo Legislativo sia supportato dal resto della nazione, se volete resistere agli attacchi che probabilmente si preparano, potete averne la fiducia unicamente punendo con severità i perturbatori della quiete pubblica e tutti i faziosi. Dico *tutti i faziosi*, perché sono deciso a combatterli tutti, perché non sono di alcun partito; *il mio Dio è la legge; non ne ho nessun altro*. Il bene pubblico, ecco cosa mi infiamma[203]».

Questa violenta diatriba contro i preti, questo appello alla forza, queste minacce velate contro il clero costituzionale, che Isnard non difende così caldamente se non per ragioni politiche, e di cui non è lontano dal sospettare il patriottismo e, per finire, questa professione di fede d'ateismo[204], tutto questo indica che a quella data la rottura tra la Rivoluzione e la vecchia religione, anche epurata, era già consumata nell'animo di numerosi capi patrioti. Non osavano ancora dire chiaramente il loro pensiero. Lo avvolgevano nelle nuvole, ma è evidente che la loro prudenza, tutta di circostanza, durerà solo un momento e che l'ora delle risoluzioni chiare e decisive suonerà presto.

I vescovi costituzionali che, fino a quel momento, non avevano raccolto gli attacchi indiretti dei quali la religione era stata oggetto, questa volta parvero turbarsi. Gli applausi calorosi che avevano accolto il discorso di Isnard, la richiesta di stamparlo che formularono un gran numero di membri, dimostravano loro che la situazione era grave. Nel mezzo ai «grandi mormorii», Le Coz chiese la parola «come cittadino e come prete». «Niente preti!» gridarono numerose voci. «Dico - proseguì Le Coz – che chiedere la stampa del discorso di Isnard è chiedere la stampa di un codice di ateismo». I mormorii raddoppiarono. Per parecchi minuti, Le Coz dovette interrompersi, tanto era viva l'agitazione. L'energia del presidente gli permise di continuare. «. . . Io sostengo e proverò che il discorso di Isnard tende a distruggere tutta la morale religiosa e sociale. È impossibile che una società esista se non ha una morale immutabile ed eterna . . . » A queste parole fu una tempesta. Le risa e i clamori si moltiplicarono: chiesero che Le Coz fosse richiamato all'ordine. Disperando di farsi ascoltare, scese infine dalla tribuna.

Probabilmente l'Assemblea riprese e rigettò, dopo due prove incerte, la stampa del discorso di Isnard. Ma il colpo era portato. Per il suo precedente atteggiamento, l'Assemblea aveva mostrato che in maggioranza parteggiava con le opinioni dell'oratore. Lo dimostrò ancora più chiaramente invitando il Comitato di legislazione a presentare un nuovo progetto di decreto che non poteva che ispirarsene.

Si capisce che tali sedute fossero ben fatte per incoraggiare la campagna anticlericale iniziata da un pugno di giornalisti.

---

[203] *Moniteur*, ristampa, tomo X, p. 374-375.

[204] Probabilmente, Isnard protestò nel *Moniteur* che non era affatto ateo, ma si capisce che questa protesta a cose fatte fu dettata dalla politica. *Moniteur*, ristampa, tomo X, p.415.

Albert Mathiez

Il progetto di François Neufchâteau

Il 16 novembre, François de Neufchâteau, relatore di una delle sezioni del Comitato di legislazione, andò a leggere un progetto di decreto che dava piena soddisfazione a Isnard e ai suoi amici. I preti refrattari che non prestavano il giuramento civico avrebbero visto soppresso il loro stipendio, sarebbe stati posti sotto sorveglianza, avrebbero potuto essere allontanati dal loro domicilio con un'ordinanza del direttorio del dipartimento, etc. Cosa più significativa, l'articolo XV del progetto ordinava la revisione della Costituzione civile del clero:

«I decreti dell'Assemblea costituente del 12, 24 luglio e del 27 novembre 1790, continueranno ad essere seguiti ed eseguiti, ma con le modifiche che il completamento della Costituzione rende oggi necessarie.

«1° La formula del giuramento civico recata nell'art. V del titolo II dell'atto costituzionale sarà sostituita al giuramento provvisorio prescritto dai decreti. 2° Il titolo di *Costituzione civile del clero*, non esprimendo la vera natura di queste leggi e richiamando una corporazione che non esiste più[205], sarà soppresso e sostituito con quello di *Legge relativa ai rapporti civili e alle regole esteriori del culto cattolico in Francia*. 3° I vescovi, curati e vicari non saranno più designati sotto il titolo di *funzionari pubblici*, ma sotto quello di *ministri del culto cattolico salariati dalla nazione*.»

Era prevedibile che la revisione della Costituzione civile non si limitasse a questi cambiamenti di parole. La strada era aperta ad altre riforme più profonde, tanto più che l'articolo XVI e ultimo, organizzava una propaganda civica per controbilanciare la propaganda dei refrattari: «Poiché importa chiarire al popolo delle campagne i tranelli che gli si tendono . . . l'Assemblea guarderà come a un beneficio pubblico le buone opere che gli saranno indirizzate su questa materia e, a seguito del rapporto che le sarà fatto, le farà stampare e distribuire a spese dello Stato e ricompenserà i loro autori».

Così lo Stato intraprendeva l'istruzione del popolo, ma dove si fermava questa istruzione? La propaganda civica sarebbe stata obbligatoriamente opera degli scrittori «filosofi». Si sarebbero dimostrati per lungo tempo rispettosi del culto ufficiale? I loro attacchi contro il culto papista non avrebbero provocato un ritorno della stessa Religione?

In ogni caso, i due ultimi articoli del progetto di François de Neufchâteau erano pieni di conseguenze.

Queste conseguenze, l'Assemblea in un primo momento non le intuì. Salutò François de Neufchâteau con applausi unanimi e reiterati e, su proposta di Vergniaud, accordò la priorità alla sua mozione, della quale adottò, seduta

[205] Il *Moniteur* riporta che al momento in cui si diede lettura di quest'articolo scoppiarono degli applausi. *Moniteur*, ristampa, tomo X, p. 388.

74

stante, numerose disposizioni.

Ma, all'indomani, una vivace opposizione, che assomigliò in certi momenti all'ostruzione, fece respingere il decreto. Si vide, spettacolo da meditare, un vescovo costituzionale, Torné, prendere la difesa indiretta dei refrattari e opporsi vivamente alla soppressione del loro stipendio e della pensione. Forse i discorsi filosofici dei giorni precedenti gli avevano fatto supporre che la causa dei preti costituzionali era, al fondo, solidale con quella dei preti refrattari, e che i rigori contro gli uni sarebbero stati il preludio dei rigori contro gli altri?

Inversamente, i filosofi trovarono che il progetto di François de Neufchâteau era troppo mite. Isnard, sostenuto da Dhuem e Albitte, riprese la sua proposta di deportare i refrattari fuori dal regno. Ma l'assemblea si rifiutò di spingersi sino a quel punto.

Quando arrivò in discussione l'articolo concernente la revisione della Costituzione civile, si manifestarono delle esitazioni tra i filosofi. Uno di essi, Albitte, per ragioni di opportunità, si pronunciò per il mantenimento puro e semplice della Costituzione civile: «Credo che non bisogna porre i preti costituzionali come bersaglio dei loro nemici ... Amo la filosofia, ma credo che bisogna farne un uso prudente e appropriato alle circostanze[206] ... »

Il vescovo Lamourette, che gli succedette alla tribuna, perorò con calore la causa della Chiesa costituzionale. Privare i preti patrioti del loro carattere ufficiale, sarebbe scontentare la «moltitudine immensa» di cittadini che seguono il loro culto e compromettere la Rivoluzione. Il clero refrattario solo approfitterà del declino del clero costituzionale, e Lamourette dimostrava con molta finezza e forza gli inconvenienti politici della separazione: «Non credete che con quest'atto solenne di separazione del ministero della legge dal ministero del sacerdozio, voi date ai preti uno spunto a riunirsi in corporazione e a cercare nella loro coalizione un supplemento di risolutezza che cercate di togliere loro?» Altrimenti detto, la separazione non farà che rafforzare il clero. I filosofi dell'Assemblea dovevano prendersi la loro parte, loro che altro non miravano che a distruggere la Religione stessa, sotto il pretesto della libertà; e Lamourette, passando all'offensiva, denunciava i pensieri nascosti degli autori del progetto: «Potrei dire che la proposta che avete fatto fa riferimento a grave sistema da cui si attende un risultato in un'epoca più lontana. Non so se è possibile in un grande impero, e se il popolo è abbastanza maturo per il sistema che si guarda come la perfezione della Rivoluzione francese, ma è un errore credere alla possibilità di distruggere un sistema religioso che comprende nel suo seno tutte le basi dell'organizzazione sociale ... » Che i filosofi stiano attenti. Se mettono il popolo tra la Religione e la Costituzione, la sua scelta non è dubbia! Ma la Costituzione stessa non è uscita direttamente

---

[206] *Moniteur*, ristampa, tomo X, p. 434, seduta del 21 novembre.

«da quella grande e immortale opera che si chiama Vangelo?» I preti costituzionali hanno sempre insegnato al popolo l'amore della Costituzione: «Se voi togliete loro quest'arma ben più potente delle baionette, voi compromettete la tranquillità pubblica, *voi licenziate in un sol colpo la più grande forza che ha garantito la Rivoluzione[207]*».

Il discorso di Lamourette fece grande impressione. Dando tregua ai loro segreti desideri, un buon numero di filosofi si allineò alla proposta di Albitte e aggiornò ad altri tempi la revisione e la soppressione del culto ufficiale. Invano Gohier provò a rispondere a Lamourette: «Rispondo che se qualche cosa è pericolosa, è fare delle leggi che presentano al popolo delle idee vaghe e dei principi arbitrari. Rispondo che correggere una prova non è retrocedere, ma avanzare a grandi passi sulla strada della Legislazione. Non c'è più corporazione del clero, non c'è più, quindi, Costituzione civile del clero; non ci deve più essere giuramento particolare per i preti . . . » Gohier fu applaudito, l'Assemblea ordinò la pubblicazione del suo discorso, come aveva ordinato quella del discorso di Lamourette. Ma Cambon, con poche parole, tranciò il dibattito: «Voi state mettendo il fuoco nel regno. La Costituzione è persa, tutto è annullato!» Si levò un grande tumulto. Merlin e Vergniaud approvarono l'osservazione di Cambon: «Voi perdete i preti costituzionali senza speranza di guadagnare gli altri», disse il primo, e il secondo aggiunse: «Non è questione di ragionare sui principi e non credo che nella testa di qualcuno di noi vi sia alcun dubbio riguardo a loro. Ma si pone una grande questione di fatto, sapere se l'applicazione attuale del principio non sarebbe un'occasione data al fanatismo di brandire le sue torce[208] . . . » La Legislativa si fermò a questo parere e la riforma della Costituzione civile del clero fu «indefinitamente» aggiornata.

I giorni seguenti, i filosofi lanciarono ancora qualche attacco alla Costituzione civile e anche alla religione. Il 24 novembre, Gaudet, replicando a Lamourette, diceva: «Non è con gli occhi delle teologia che bisogna esaminare questa questione [sapere se il culto dei costituzionali sia lo stesso di quello dei refrattari], è con gli occhi della filosofia e della ragione, poiché *la teologia passerà e la ragione è eterna[209]*». La frase fu applaudita a più riprese. Ma comprendendo infine il pericolo di questa discussione, l'Assemblea chiuse bruscamente il dibattito, il 29 novembre 1791.

[207] *Moniteur*, ristampa, tomo X, p. 435, seduta del 21 novembre.

[208] *Moniteur*, ristampa, tomo X, p. 436.

[209] *Moniteur*, ristampa, tomo X, p. 471, seduta del 24 novembre.

III

I risultati – La propaganda civica

Nondimeno, il grande dibattito ebbe una considerevole portata. Prima di tutto era apparso molto chiaramente che la Costituzione civile del clero era mantenuta solo provvisoriamente, o meglio, per semplice necessità politica. La questione della laicità dello Stato era stata posta davanti al paese, e se la Legislativa non l'aveva risolta subito, non era perché era ostile al principio, ma perché riteneva prematura la sua applicazione.

L'opera religiosa della Costituente era dunque condannata. Ma prima di distruggerla, la Legislativa pensava a rimpiazzarla. Poiché il clero costituzionale si era dimostrato impotente con le sue sole forze a far amare la Rivoluzione, poiché non aveva adempiuto al suo compito, si sarebbe organizzata parallelamente alla sua predicazione una propaganda civica della quale il Comitato di istruzione pubblica dell'Assemblea avrebbe avuto la direzione e per la quale i club avrebbero fornito gli agenti. Questa propaganda civica assunse le più diverse forme. Essa fu fatta con i libri, le conferenze, il teatro. Fu fatta anche con le feste civiche e, attraverso queste, raggiunse il sistema delle feste nazionali già elaborato da Mirabeau e Talleyrand. Doveva venire il giorno in cui i filosofi rivoluzionari avrebbero creduto, con l'aiuto di questa propaganda civica, di poter fare a meno del clero costituzionale e, quel giorno, la religione rivoluzionaria si staccò dal cattolicesimo, la propaganda civica divenne il culto della Ragione.

Gli opuscoli patriottici

La Legislativa aveva esortato «tutti gli spiriti validi a rinnovare i loro sforzi e a moltiplicare i loro insegnamenti contro il fanatismo». Aveva promesso di ricompensare gli autori «di valide opere alla portata dei cittadini delle campagne[210]». Gli scrittori patriottici risposero in massa all'appello che era stato loro indirizzato.

Alla fine del 1791 e all'inizio del 1792 gli scritti filosofici si succedono senza interruzione: l'*Antifanatisme ou Étrennes aux bonnes gens* di Marius Duval, il *Dialogue entre curé de campagne et un vigneron sur la Constitution*, di Duverneuil, il *Gardien de la liberté française*, di Fleury, il *Catéchisme du genre humain*, di Boissel, e soprattutto il più popolare e il modello del genere,

---

[210] Decreto del 23 novembre 1791, art. 17.

l'*Almanach du père Gérard*, di Collot d'Herbois, e tanti altri ancora . . . [211]

Le conferenze popolari

Tutti questi opuscoli erano diffusi dalle cure dei giacobini e delle loro società affiliate. Il 27 febbraio 1792, nel momento in cui la guerra straniera sembrava imminente, la società madre invitò le società affiliate a organizzare ovunque, soprattutto nelle campagne, delle conferenze popolari per diffondere i buoni principi e fare educazione politica del popolo. «Come si è fondata la religione cristiana? – si leggeva nella circolare – Attraverso la missione degli apostoli del Vangelo. Come possiamo diffondere solidamente la Costituzione? Con gli apostoli della libertà e della legalità . . . » Tutte le domeniche i missionari civici andavano nei villaggi, distribuivano la Dichiarazione dei Diritti, la Costituzione, l'*Almanach du père Gérard*, la *Lettre* di Creuzé-Latouche[212], e accompagnavano la distribuzione con una predica appropriata.

Molte società e semplici privati non avevano atteso, per agire, l'invito giunto da Parigi. Dalla fine del 1791, a Strasburgo, il vecchio libraio Salzmann, aiutato da un curato patriota, commentava, tutte le domeniche, gli avvenimenti politici della settimana. In quei giorni, da tre a quattro mila persone di tutte le classi sociali, «soldati, domestici, operai, donne, etc.», riempivano l'immensa sala della casa comunale, dove Salzmann teneva la sua predica patriottica. «La folla era così grande – dice il viaggiatore tedesco Reichardt – che noi facemmo fatica ad avanzare, e il rumore era assordante. Subito, quando Salzmann ebbe guadagnato una piccola pedana, addossata a una colonna, e con un segno della mano reclamò il silenzio, tutto il rumore cessò. Si sarebbe potuta sentir volare una mosca! Sulle fisionomie si leggeva un vivo desiderio di essere ragguagliati in merito a delle voci inquietanti, messe in circolazione dai giornali o dalla voce pubblica. L'allocuzione di Salzmann, pratica e del tutto appropriata, fu accolta con delle testimonianze di simpatia che mi hanno fatto piacere . . .[213] »

Circa nello stesso periodo, La Révellière-Lépaux e i suoi amici del club di

---

[211] La maggior parte di questi opuscoli fu inviata al Comitato d'istruzione pubblica. Se ne trova l'indicazione nella raccolta di J. Guillaume.

[212] *Lettre de J. A. Creuzé-Latouche, député de Châtelleraut, à l'Assemblée Nationale, aux municipalités et aux abitants des ampagnes du département de la Vienne,* Imp. Du Cercle social, 3 edtion, 1791, in 8°, (Bib. Naz. Ld⁴ 3484).

[213] J. F. Reichardt, *Lettres intimes,* tradotte da A. Laquiante, 1892, in 8°. Lettera del 30 gennaio 1792.

Angers organizzavano una serie di missioni patriottiche nei Mauges e in Vandea. «L'oggetto di queste missioni era distruggere le calunnie che si diffondevano contro i patrioti, le false idee che si attribuivano loro, presso gli abitanti delle campagne, sulla Rivoluzione e sui principi secondo i quali si è agito; di far sentire loro i vantaggi che dovevano risultare, soprattutto per loro . . .» A Chemillé, la missione patriottica condotta da La Révellière, portò per la città la bandiera tricolore accompagnata da un grande corteo. «Un vecchio dai capelli bianchi portava la bandiera, scortato da giovani ragazze che tenevano nelle loro mani dei nastri con i tre colori[214]».

Lanthenas e le società popolari

Dai primi mesi del 1792, il girondino Lanthenas, amico di Gaudet e di Roland, progettava di fare delle conferenze civiche un'istituzione permanente e quasi ufficiale, una sorta di scuola di addestramento dei cittadini alle virtù costituzionali e sociali[215]. «Poiché è riconosciuto – diceva – *che non si può contare sui preti di alcuna setta* per l'istruzione più essenziale di cui i popoli hanno bisogno, bisogna che la morale, la prima delle scienze, la politica, che non è che una branca della morale, e la nostra Costituzione, fondata sui veri principi di questa, abbiano un insegnamento adatto alla loro importanza e alle circostanze in cui ci troviamo».

E Lanthenas tracciava audacemente il piano di una sorta di culto civico, di *culto della Ragione e della Legge*[216], come lo chiamava, che avrebbe a poco a poco rimpiazzato, e provvisoriamente rispettato, tutti gli altri. In ogni cantone la Legislativa avrebbe istituito per decreto *una società popolare*, della quale tutti i cittadini senza distinzione sarebbe stati liberi di far parte, ma dove i funzionari pubblici, tra gli altri i giudici di pace, avrebbero avuto obbligatoriamente un ruolo attivo. Al richiamo dei «missionari patrioti», la gente perbene avrebbe ovunque «fatto rinascere i magnifici anfiteatri dei popoli liberi dell'antichità». Si sarebbero date delle feste, fatte conferenze, che avrebbero dato al popolo il sentimento della sua maestà e che lo avrebbero condotto a poco a poco alla Fraternità universale. Nell'attesa, «in ogni luogo di assemblea primaria», la società popolare del cantone spiegherà la legge, darà lettura dei migliori giornali, insegnerà la morale e la politica. Le diverse società popo-

---

[214] La Révellière, *Mémoires*, tomo I, p. 93 e seg.

[215] *Des sociétés populaires considérées comme une branche essentielle de l'instruction publique*, di F. Lanthenas. Imp. Du Cercle social, 1792, in 8°. Datato alla fine il 28 febbraio 1792. Lo studio di Lanthenas era precedentemente comparso in *Chronique du Mois*.

[216] Sottolineato nel testo.

lari si federeranno per distretto, per dipartimento, nell'intera Francia. Formeranno come «una chiesa universale» che opererà infine la *rigenerazione*.

Sempre di più, soprattutto dopo la dichiarazione di guerra all'Austria, si imponeva l'idea che la Rivoluzione non si sarebbe salvata se non con l'organizzazione di una vasta propaganda civica. Il 10 maggio 1792, una deputazione del faubourg Saint-Antoine andava a chiedere ai giacobini l'istituzione di conferenze patriottiche, nelle chiese dopo il servizio divino[217].

Il ministro Roland esortava le società patriottiche a non rallentare il loro zelo nell'istruzione del popolo[218]. Già si rivolgeva a loro con lo stesso linguaggio che avrà più tardi il Comitato di salute pubblica. I club non erano i soli a rispondere all'appello del ministro. Parecchie municipalità predicavano la verità al popolo tutte le domeniche, e nominavano dei *lettori* per diffondere i buoni principi[219].

La propaganda della ragione

Create in un primo momento per difendere la Costituzione civile del clero, queste conferenze popolari non tardarono ad uscire dal loro ambito primitivo. Dopo aver attaccato per primi i soli preti refrattari, i loro oratori o lettori se la presero a poco a poco con tutti i preti senza distinzione.

In un discorso sulle società popolari[220], pronunciato in una missione pa-

---

[217] Aulard, *Société des Jacobins*, tomo III, p. 577.

[218] Vedere il suo indirizzo al *Moniteur* del 22 mai 1792, supplemento, ristampa, tomo XII, p. 449. «Fate con il vostro esempio e i vostri discorsi che i semi circolino liberamente, che si liberino dalle imposizioni, che il fanatismo sia disarmato. Che le letture siano sovente ripetute, che conferenze esplicative nelle assemblee dove voi riunirete il maggior numero di persone di tutte le età e di ogni sesso, le rendano familiari a tutti i nostri fratelli e così questi insegnamenti immortali spesso indirizzati al popolo francese e le opere buone dove respirano i sentimenti di giustizia e di bontà che onorano l'umanità . . .»

[219] Per esempio quella di Fécamp: «A Fécamp, questo 4 ottobre, anno I della Repubblica . . . Al cittadino Roland, ministro degli Interni. Cittadino, il popolo riunito ha nominato un *lettore* in ognuna delle nostre sezioni per diffondere, *in base ai termini della vostra lettera*, il sistema della Rivoluzione. Sono i cittadini Rousselet, notabile per la sezione della Trinité, e Le Borgne, giudice del tribunale di commercio per la sezione di Saint-Etienne. Vi preghiamo di corrispondere direttamente con loro.» Seguono le firme dei municipali. (Arch. Naz. F⁹ Cᵐ, Seine Inférieure, 15).

[220] *Discours sur les sociétés populaires, prononcé dans un mission patriotique, le 10 juin, l'an 4 de la liberté, par Etienne-Marie Siauve*, Lione, Imp. J. Ant. Revol, 1792, in 8°, (Bib. Naz.

triottica, il 10 giugno 1792, il collaboratore del *Feuille Villageoise*, Etienne-Marie Siauve, sottolineava che tutti i preti costituzionali non erano, ahimè, dei leviti-cittadini e che ce n'erano parecchi tra loro che non volevano essere che preti e che sdegnavano la qualità di cittadini.

I preti costituzionali erano diventati sospetti. Era inevitabile che gli oratori popolari, i «propagandisti della ragione», come Siauve già li chiama, pensassero di rimpiazzarli in quel ruolo di predicatori civici, di ufficiali della morale, che la Costituzione aveva assegnato loro. Era anche inevitabile che le conferenze popolari si trasformassero a poco a poco in cerimonie religiose: era sufficiente per questo mischiarle alle feste civiche. Queste riunioni, questo insieme di feste civiche e di conferenze popolari costituirà, propriamente parlando, il culto rivoluzionario, che si rivolgerà tanto ai sensi quanto all'intelligenza.

IV

Divisioni tra i giacobini – P. Manuel e Robespierre

Tutti i giacobini, tuttavia, non assistettero con una gioia senza ombre allo sviluppo di questa propaganda patriottica che riempì la fine dell'anno 1791 e l'inizio dell'anno seguente. Gli opportunisti, i prudenti, tutti quelli che giudicavano impolitica e prematura una rottura con il clero costituzionale, non tardarono ad allarmarsi del progresso del partito anticlericale, i cui capi raddoppiavano in audacia e perdevano ogni misura. Il club parigino si trovò diviso, tormentato, tra due tendenze, delle quali una, la moderata, era soprattutto rappresentata da Robespierre, e l'altra, l'intransigente, da P. Manuel, il vecchio redattore del *Feuille Villageoise*, promosso da poco all'importante posto di procuratore della Comune di Parigi[221].

Nel momento stesso in cui la Legislativa votava il decreto contro i refrattari, P. Manuel chiedeva ai giacobini di organizzare una predicazione anticlericale: «Per dare avvio all'impero della Ragione, chiedo alla Società madre [dei giacobini], supportando i suoi principi con degli esempi, che nomini al suo interno, ogni tre mesi, quegli illustri patrioti che nelle sezioni, due volte alla settimana, faranno a dei bambini di tutti i culti, portati dai loro genitori e iscritti nel registro civico, il catechismo della libertà. Questi ufficiali della morale che,

Lb²⁵ 10616).

---

[221] Il 2 dicembre 1791, secondo S. Lacroix, *Actes de la Commune de Paris*. Pétion era stato nominato sindaco poco tempo prima, il 16 novembre; Danton, infine, fu eletto sostituto del procuratore della Comune il 7 dicembre.

senza misteri come senza dogmi, proveranno che le virtù sono utili al bene
comune e che la prima di tutte, poiché senza di essa non se ne possono altre, è
l'amore della patria, faranno avanzare la *rigenerazione dei costumi* più che i
predicatori di quaresima che, *per voler fare dei santi*, non fanno *neanche degli uomini*[222]».

Qualche giorno dopo, il 29 novembre 1791, Palissot dava lettura al club dei
passaggi più significativi di un pamphlet anticlericale che aveva appena composto[223]. Rivolgendosi alla Legislativa, la invitava a «opporre ai catechismi
sbagliati dei preti, dei catechismi di una morale sana ed epurata, alle loro feste superstiziose le feste civiche . . . »

«La Chiesa romana – proseguiva – è incompatibile con lo Stato fondato
sulla libertà e l'eguaglianza. I suoi dogmi sono intolleranti e immorali. I suoi
preti, messi fuori dalla natura dall'obbligo del celibato, devono essere sorvegliati, tanto più che il loro potere, riposando sulla confessione, è temibile. La
Legislativa dovrebbe sopprimere la confessione, «questa istituzione mostruosa, che ferisce la morale e il pudore, e che fa i Jaques Clément e i Ravaillac . . .
[224]»

Palissot non poté terminare la sua lettura. Il «legislatore incorruttibile» gli
tagliò la parola: «Noi non dobbiamo – esclamò Robespierre, agli applausi della maggioranza del club – uscire dalla linea di demarcazione che ci ha prescritto l'Assemblea costituente. Credo quindi che la società non possa ascoltare senza pericolo quest'opera. Non bisogna *urtare il fronte* dei pregiudizi che
il popolo adora. Bisogna che il tempo maturi il popolo e lo metta insensibilmente al di sopra dei pregiudizi. Chiedo che la società passi all'ordine del
giorno e che si occupi di questioni che le circostanze rendono più urgenti . . . »
Invano, P. Manuel prese le difese di Palissot, chiese che fosse ascoltato sino
alla fine, poiché era arrivato il tempo in cui si poteva parlare dei preti e dei re.
La maggioranza si pronunciò per Robespierre e passò all'ordine del giorno,
pur testimoniando a Palissot la sua riconoscenza per le riflessioni filosofiche

---

[222] La *Chronique de Paris* del 1° novembre 1791, in Robinet, op, cit., tomo II, p. 295.

[223] *Questions importantes sur quelques opinions religieuses présentées par Charles Palissot à
l'Assemblée Nationale*, 1791, in 8° (Bib. Naz., Ld^4 3768), datato nell'ultima pagina: Parigi, questo 1° dicembre. Il pamphlet fu rieditato nell'anno IV e dedicato ai Teofilantropi.

[224] (N.d.R.) Si tratta di due famosi regicidi. Jacques Clémente (1567-1589) era un fratello laico domenicano che assassinò, il 1° agosto 1589, il re Enrico III. François Ravaillac (1577-1610) fu l'assassino di Enrico IV (14 maggio 1610).

che aveva espresso[225]. Questa prima scaramuccia fu seguita da altri incontri. Durante tutto l'anno 1792, la tribuna dei giacobini fu il campo di battaglia dei filosofi intransigenti e dei filosofi opportunisti. Il 3 febbraio Manuel annunciò al club la morte di Cerutti, il fondatore del *Feuille Villageoise*, che aveva dato spazio alla campagna anticlericale. Avendo pronunciato l'elogio funebre, chiese che la società inviasse dei commissari alle sue esequie, «che si faranno probabilmente – proseguì – in una chiesa perché noi siamo così liberi che la filosofia non ha ancora dei cimiteri». Ancora una volta, Manuel ritrovò davanti a lui Robespierre: «Ci sono dei morti – disse quest'ultimo con distacco – che meritano indulgenza». E, rinnegando la campagna di scristianizzazione, fece passare all'ordine del giorno, con il pretesto che Cerutti non era giacobino[226].

Robespierre e Gaudet

Ma in nessun momento come nella seduta del 26 marzo 1792[227] scoppiò più evidente l'antagonismo dei due partiti filosofici. Quel giorno Robespierre diede lettura di un progetto di indirizzo alle società affiliate per stimolare la loro propaganda patriottica. Vi parlava, a più riprese della Provvidenza, che aveva protetto la Rivoluzione contro i nemici e che l'avrebbe fatta trionfare ancora una volta sui nuovi pericoli che la guerra incombente, avrebbe potuto farle correre. «Ma temiamo – diceva – di abbandonare la bontà celeste che, fino ad oggi, si è ostinata a salvarci malgrado noi!» Gli anticlericali del club non poterono trattenersi. Fecero un tale tumulto che il vescovo Gobel, che presiedeva, fu costretto a giustificarsi per riportare il silenzio. La stampa dell'indirizzo di Robespierre, reclamata a gran voce, fu respinta; poi, Gaudet, salendo alla tri-

---

[225] Aulard, *Société des Jacobins*, tomo III, p. 67. In una lettera a uno dei suoi amici, pubblicata alla fine del suo pamphlet, Palissot fa seguire il racconto dell'incidente da amare riflessioni: «In fede, i preti devono ringraziarli [i giacobini]. Ci hanno fatto retrocedere di un secolo davanti a loro . . . Quanti preti si crederanno temibili quando sapranno che li si teme ancora al punto di non osare illuminare il popolo! Robesp . . . (sic) dice che bisogna adeguarsi ai tempi; ma è tutto quello che vogliono i preti, non chiedono che del tempo, ne conoscono l'importanza . . . Il bravo Manuel è stato vivamente applaudito, anch'io lo sono stato, ma nondimeno siamo stati sacrificati ai preti ed è dai giacobini che si è fatto quest'ultimo sacrificio di vittime umane . . . ».

[226] Aulard, *Société des Jacobins*, tomo III, p. 362.

[227] Vedere il verbale del *Journal des Débats et de la correspondance de la Société des amis de la Constitution*, n° del 28 marzo 1792, in Aulard, *Société des Jacobins*, tomo III, p. 451-452.

buna, rispose a Robespierre e fece il processo alla Provvidenza: « . . . Ho sentito sovente in questo indirizzo ripetere la parola Provvidenza, credo anche che sia stato detto che la Provvidenza ci ha salvati malgrado noi. Vi confesso che non vedendo alcun senso in questa idea, non avrei mai creduto che un uomo, che ha lavorato con tanto coraggio per tre anni per sottrarre il popolo alla schiavitù del despotismo, potesse poi concorrere nel metterlo sotto la schiavitù della superstizione . . . » Il vocio ricominciò, il club parve dividersi in due partiti pressoché della stessa forza. Sentendo che la maggioranza gli stava sfuggendo, Robespierre lasciò nella sua replica il tono sdegnoso con il quale aveva fino a quel momento combattuto gli scristianizzatori. Coprì di complimenti Gaudet, «il legislatore illustre per le sue capacità». Si sforzò unicamente di provargli che si era sbagliato sul suo vero pensiero: «non ho combattuti dei principi comuni di Guadet e miei. Poiché sostengo che tutti i patrioti hanno i miei principi, ed è impossibile che si possano combattere i principi eterni che ho enunciato. Quando avrò terminato la mia breve risposta, sono sicuro che Guadet stesso sarà della mia opinione . . . ». E Robespierre protesta che «*aborrisce* come nessuno tutte quelle sette empie che si sono diffuse nell'universo per favorire l'ambizione, il fanatismo e tutte le passioni, mascherandosi con il potere segreto dell'Eterno, che ha creato la Natura e l'Umanità . . . » Ma, d'accordo nel principio con gli anticlericali e anche nemico dei preti, Robespierre spiega, con un linguaggio sincero e di grande nobiltà, che non poteva confondere la causa della divinità con quella di «quegli imbecilli dei quali si era armato il despotismo», che credeva alla Provvidenza, che questo credo gli era necessario, come era necessario al popolo[228]. Quando ebbe finito, il tumulto ricominciò. Gobel si sforzò invano di dare voce al numerose mozioni. Disperando di riuscirci, dovette togliere la seduta.

V

Progressi delle idee filosofiche

A dispetto della resistenza degli opportunisti, il partito anticlericale guadagna terreno ogni giorno. Robespierre riusciva ancora, e non senza fatica, a tenerlo a bada nei giacobini, ma sembrava dominare sempre di più alla Legislativa, dove gli amici di Guadet e Isnard, i brissottini, formavano la maggioranza. Il

[228] Come ha detto molto bene Jaurès, si sente nel deismo di Robespierre «una sorta di tenero rispetto per l'anima del popolo, per l'umile coscienza del povero». Al contrario degli altri rivoluzionari che «tollerano dall'alto i pregiudizi del popolo», i suoi errori, . . . Robespierre «si adatta ad essi e sembra mettersi al loro livello . . . ». Jean Jaurès, *Histoire Socialiste. La Convention*, tomo I. p. 244.

12 maggio 1792, l'Assemblea fu il teatro di una scena che annunciava già il 1793. Il vicario di Saint-Margueritte, l'abate Aubert, uno di quei preti filosofi che per primi avevano violato il celibato, si presentò alla sbarra accompagnato da sua moglie. Il presidente gli accordò la parola e Aubert poté glorificarsi di aver dato per primo l'esempio da seguire ai curati patrioti: «È ora che i ministri del culto romano si riavvicinino alla loro santa origine; è ora che rientrino nella classe dei cittadini; è ora infine che riparino con l'esempio delle virtù cristiane e sociali tutti gli scandali, tutti i mali che il celibato dei preti ha causato . . . ».

Non solo queste dichiarazioni, oltraggiose per i vescovi e i preti costituzionali che sedevano là in grande numero, furono applaudite, pressoché all'unanimità, dice il *Moniteur*[229], ma Aubert fu invitato agli onori della seduta con la sua sposa e i parenti che l'accompagnavano.

Nello stesso periodo, il *Feuille Villageoise*, la cui campagna anticlericale raddoppiava di violenza, notava con soddisfazione i progressi che faceva la tolleranza. A Liancourt, il curato consentiva di ricevere nel cimitero cattolico, in terra santa, il corpo di un protestante. A Pignan, vicino a Montpellier, a Valence (Dròme), a Jaillieu, vicino a Bourgoign (Isère), i ministri protestanti e cattolici si abbracciavano alla festa dell'inaugurazione del busto di Mirabeau[230]. Thénvenet, curato di Salagnon, vicino a Bourgoin (Isère), protestava sul giornale contro l'uso della lingua latina nel culto, e il confratello Dupuis, curato di Droyes, imitava il suo esempio[231]. Le *Révolutions de Paris* vituperavano senza tregua contro la «corporazione dei teofagi». Nel loro numero 144[232], elogiavano, come un esempio da seguire, la condotta filosofica degli abitanti di Vaudreuil, vicino a Epernay, che, dopo la soppressione della loro parrocchia, si erano riuniti e avevano nominato curato uno di loro, un manovale di nome Pierre Bonnet. In un numero seguente[233], davano a un articolo anticlericale la seguente conclusione: «Perché non dirlo? Non è il momento giusto? Ogni prete è stupido o furbo, non c'è via di mezzo». Era difficile dichiarare al clero, tutto il clero, una guerra più implacabile.

---

[229] Ristampa, tomo XII, p. 369.

[230] *Feuille Villageoise* di giovedì 3 maggio 1792, articolo sui «progressi della tolleranza».

[231] *Ibid.*, n° 36, 31 maggio 1792.

[232] 7-14 aprile 1792.

[233] N° 151, 26 maggio – 2 giugno 1792.

Il Corpus Domini a Parigi nel 1792

Incoraggiato dall'atteggiamento della Legislativa, dalle notizie giunte dai dipartimenti e per il tono della stampa, P. Manuel decise di portare un gran colpo al giorno del Corpus Domini. Su una sua requisitoria, la municipalità parigina assunse, il 1° giugno 1792, un'ordinanza destinata a togliere alla Chiesa costituzionale il carattere ufficiale di cui era ancora investita[234]. Fino ad allora, le autorità, scortate dalla guardia nazionale, erano apparse in prima fila nei cortei religiosi, in occasione delle grandi feste. Da quel momento, le autorità si sarebbero astenute dal comparirvi. I cittadini non sarebbero più stati obbligati ad esporre o tappezzare l'esterno delle loro case, «questa spesa dovendo essere puramente volontaria e non deve disturbare in alcuna maniera la libertà delle opinioni religiose». La guardia nazionale non poteva più essere richiesta per il servizio di culto, «i cittadini soldati non dovevano mettersi in armi che per l'esecuzione della legge e della sicurezza nazionale». Infine, la circolazione cesserà di essere proibita al passaggio delle processioni, «la prosperità pubblica e l'interesse individuale non permettendo di sospendere la libertà e l'attività commerciale».

In una circolare alle quarantotto sezioni, Manuel si incaricò di precisare il senso e la portata dell'ordinanza municipale[235]. Dopo aver denunciato «le massime intolleranti e superstiziose dei secoli di ignoranza e tirannia», «il tempo non è lontano, – prediceva – probabilmente, in cui ogni setta religiosa, chiudendosi all'interno del proprio tempio, non ostruirà più, in certe epoche dell'anno, con le sue cerimonie esteriori, la pubblica via, che appartiene a tutti e della quale nessuno può disporre per il suo uso particolare». E Manuel prevedeva anche in lontananza «l'annientamento di tutti i pregiudizi sotto il giogo dei quali gli uomini sono stati piegati per lungo tempo».

L'iniziativa della municipalità parigina non andò persa. Qualche giorno dopo, avendo ricevuto l'invito del clero di Saint-Germain-l'Auxerrois, la Legislativa dovette prendere in esame se partecipare ufficialmente alla processione dell'Eucarestia. Su proposta di Duquesnoy, aveva già deciso di accettare l'invito, ma si levarono delle proteste. Pastoret riprese alla tribuna gli argomenti di Manuel sulla neutralità dello Stato e, finalmente, ottenne la revoca del decreto[236]. Fu solo deciso che l'Assemblea non si sarebbe riunita il mattino

[234] Vedere l'ordinanza in Robinet, op. cit., tomo II, p. 203 e seg.

[235] Vedere la sua circolare in Robinet, op. cit., tomo II, p. 204-205.

[236] Secondo i testi pubblicati da Robinet, op. cit., tomo II, p. 206-207, il vescovo costituzionale Le Coz si mostrò alquanto dispiaciuto della decisione dell'Assemblea. In una lettera privata del 6 giugno 1792, protesta con amarezza contro le calunnie e gli

della festa dell'Eucarestia per permettere ai suoi membri di andare alla processione a titolo individuale. La Legislativa solidarizzava, pertanto, con il principio della municipalità, e i giornali brissottini non mancarono di felicitarsene[237].

Gli stessi giacobini parvero schierarsi dalla parte di P. Manuel. Già alla seduta dell'8 giugno, Delacroix aveva chiesto la soppressione degli stipendi ecclesiastici. «Perché salariale esclusivamente certi preti?» Preludendo alla propaganda hebertista, aveva proposto «di mandare alle fonderie nazionali tutte quelle campane che servono solo a turbare il vostro riposo». «Distruggete – proseguiva – quei simboli di schiavitù che non servono che a mantenere l'ignoranza e la superstizione. Rimpiazzateli con delle immagini dei Rousseau, dei Franklin, di tutti quegli uomini antichi e moderni che riempiranno il popolo di un nobile entusiasmo per la libertà. Lasciate ai loro scritti immortali il compito di istruire i vostri cittadini, in luogo di quest'orda di gente con pregiudizi dei quali possono fare a meno . . . » La stampa di questo discorso era chiesta da una parte del club e combattuta dall'altra. Per tagliar corto a tutte le opposizioni, Delacroix dichiarava che avrebbe fatto stampare il suo discorso a proprie spese.

Alla seduta del giorno successivo, un altro giacobino, Mathieu, fece approvare l'ordinanza della municipalità parigina ed esortò i buoni cittadini, soprattutto quelli delle tribune, a moltiplicare l'attività per assicurare la sua esecuzione[238]. E due giorni dopo, i giacobini fecero una pessima accoglienza a una petizione dei «fanatici» che protestava contro l'ordinanza di Manuel.

L'avvenimento mostrò, tuttavia, che il partito anticlericale, se dominava nella municipalità, alla Legislativa, e talvolta ai giacobini, non era ancora padrone della situazione, c'era bisogno di entrambi! Le processioni si svolsero come d'abitudine, scortate da un grande numero di guardie nazionali in armi, giunte a titolo individuale. I giudici dei tribunali ufficialmente occuparono il loro abituale posto nel corteo. Il curato di Saint-Séverin, in una lettera insolente, avvertì Manuel che la sua processione sarebbe stata scortata da cinquanta granatieri, e lo invitò ad andare a disperderla con la sua fascia. Numerosi anticlericali, che non avevano imbandierato e che si rifiutavano di scoprirsi durante il passaggio del Corpus Domini, furono ingiuriati e molestati. Il macellaio cordigliere Legendre, che andava nella sua vettura a Poissy per i

oltraggi di cui il cattolicesimo costituzionale era divenuto oggetto da parte di «quegli stessi che pretendono di essere i suoi più zelanti difensori». Le Coz, *Correspondance*, pubblicata da P. Roussel, tomo I, 1900, in 8°, p. 34.

[237] Per esempio il *Patriote français* del 4 giugno, articolo di Condorcet.

[238] Aulard, *Societè des Jacobins*, tomo III, p. 649 e seg.

suoi affari, non avendo voluto cedere il posto alla processione di Saint-Germain-des-Prés, provocò una bagarre dove ebbe la peggio.

I filosofi stessi dovettero convenire che l'annientamento dei pregiudizi religiosi non era così vicino come avevano sperato. La sera stessa della festa, P. Manuel si lamentava ai giacobini, che l'avevano nominato loro presidente, dell'insubordinazione di una parte della guardia nazionale parigina. «I magistrati del popolo – diceva – sono stati disprezzati per obbedire a dei preti!».

I robespierristi non mancarono di trarre dall'avvenimento la lezione che comportava e di proclamare chiaramente che giustificava i loro timori e i loro consigli di prudenza. Non ricordandosi di aver applaudito, l'anno precedente, alla sfida fatta da Cloots a Fauchet, Camille Desmoulins diede torto a Manuel in un articolo della *Tribune des Patriotes*[239]. «Temo che il giacobino Manuel abbia fatto un grande errore sollecitando le misure contro la processione del Corpus Domini. Mio caro Manuel, i re sono maturi, ma il buon Dio non lo è ancora. Se fossi stato membro del Comitato municipale, avrei combattuto questa misura con tanto calore quanto avrebbe potuto averne un sacrestano ...» A Parigi stessa, come nei dipartimenti, la requisitoria del patriota Manuel ha il grande inconveniente di sollevare contro la Costituzione i preti costituzionali che hanno reso così grandi servizi, che non possono vedere in una simile ordinanza che il più sinistro presagio per la loro pentola, ed è sempre col rovesciare le pentole che si attuano le rivoluzioni e le contro rivoluzioni».

Ma il movimento anticlericale era già troppo forte perché questi consigli alla prudenza fossero ascoltati. La lezione del Corpus Domini non fece che dimostrare a P. Manuel e ai suoi amici la necessità di raddoppiare l'energia, e la loro campagna continuò più vigorosa che mai. I giornali brissottini li sostennero, seguiti dai giornali cordiglieri, che saranno presto seguiti dai giornali hebertisti: il *Patriote Français*, la *Chronique de Paris*, a fianco delle *Révolutions de Paris* e del *Père Duchesne*. «Continua sempre, bravo Manuel, – scriveva il *Père Duchesne*[240] – continua e noi ti sosterremo, fa penetrare la fiamma della ragione nella caverna dei pregiudizi, e rovescia l'anima pazza di tutti i fanatici ... » E la *Chronique de Paris* riprendeva: «O popolo francese, sei ancora lontano dall'essere libero! O preti di tutte le religioni, fino a quando impedirete agli uomini di marciare liberamente e tranquillamente?[241]». La campagna filosofica continuò più cocente che mai, ravvivata dai primi scontri alle frontiere. P. Manuel poté proseguire senza ostacoli la sua predicazione ai

---

[239] N° 3, citato da Robinet, op. cit., tomo II, p. 219-220.

[240] N° del 9 giugno 1792, in Robinet, op. cit., tomo II, p. 219.

[241] N° del 10 giugno 1792. Lettera firmata F. J. Ozanne, in Robinet, op. cit., tomo II, p. 214.

giacobini. Alla seduta del 29 luglio, annunciò al club che stava per convocare gli elettori parigini per la nomina di due seggi vacanti, e per l'occasione, raccomandava ai suffragi dei patrioti «i preti più degni, quelli che sono sposati e padri». «Lontano da noi – affermava – quei preti che credono che l'usufrutto delle donne è giusto e non le proprietà, che non ne vogliono avere per usare quelle degli altri[242]...».

Possiamo dire che alla vigilia del 10 agosto la Chiesa costituzionale, minata da questa propaganda, perdeva di giorno in giorno il suo potere sui patrioti. La maggioranza dei vescovi e dei preti costituzionali, indignati da quella che chiamavano l'ingratitudine, non erano lontani dal ritirarsi dal combattimento politico. Da questo momento, si staccarono a poco a poco dalla Rivoluzione e rientrarono sotto la tenda. Alcuni, inoltre, non speravano che in una onorevole riconciliazione con i refrattari[243]. Al contrario, la piccola comunità dei preti filosofi, riunita intorno al *Feuille Villageoise*, rompe sempre più apertamente con il cattolicesimo, maritandosi, laicizzandosi, frequentando il club tanto sovente quanto la chiesa. Saranno domani il preti del nuovo culto, all'organizzazione del quale gli uomini politici lavorano ora in piena luce.

VI

I progetti di feste civiche sotto la Legislativa

Durante quei primi mesi del 1792, la propaganda filosofica non era stata puramente negativa, aveva presto preso una forma positiva.

Distruggere il cattolicesimo era bene, rimpiazzarlo era meglio. I progetti di culto civico, già abbozzati da Mirabeau e Talleyrand, sono quindi ripresi, estesi, approfonditi e apertamente indirizzati contro il cattolicesimo.

[242] Aulard, *Société des Jacobins*, tomo IV, p. 155.

[243] Jaurès ha ben descritto questo stato di spirito del clero rivoluzionario alla fine della Legislativa: «Hanno il presentimento che la logica della Rivoluzione condurrà ad abolire ogni culto ufficiale. Cominciano a temere che la precarietà delle vecchie abitudini nell'ordine e nella disciplina ecclesiastica e nelle cerimonie si allarghi alla fede stessa, e che il popolo, non fermandosi a questa combinazione un po' equivoca della costituzione civile, rompa infine ogni legame religioso . . . » J. Jaurès, *Histoire socialiste*, tomo I, p. 218.

De Moÿ

In due differenti riprese[244], P. Manuel aveva segnalato ai giacobini, con molti elogi, l'opuscolo che un curato di Parigi fece apparire nei primi giorni del 1792, *Accord de la Religion et des Cultes chez une nation libre*[245]. Per lo sforzo di logica che vi si manifesta, come per l'audacia delle vedute, l'opuscolo meritava certamente l'onore che gli faceva Manuel, e non è esagerato dire che diede ai filosofi più di un'arma eccellente contro il cattolicesimo e che suggerì loro l'idea di certe creazioni civico religiose.

De Moÿ si impegnava prima di tutto a dimostrare la necessità di una pronta soppressione della Costituzione civile del clero, «questa macchia che sporca la Costituzione dell'Impero, questa mostruosità nel sublime codice delle nostre leggi[246]». A sentirlo, la Costituzione civile, opera di quella stupidità «chiamata giansenismo», era capace di scuotere la nuova istituzione politica e anche di annientarla, perché dove si fermavano le guerre di religione? La cosa migliore, il solo mezzo di riportare la calma, era laicizzare lo Stato. Questa soluzione era già stata preconizzata da André Chénier, Lemontey, Ramond e molti altri, qualche mese prima. Ma il curato di Saint-Laurent le dava tutt'altra portata. Non intendeva che lo Stato, all'indomani della separazione, rimanesse disarmato davanti alle religioni. La laicità, come la concepiva, non era una laicità morta, ma una laicità attiva. Riservava allo Stato un diritto di controllo e di censura su tutti i culti e, al disopra delle religioni particolari, elevava la religione nazionale.

La nazione, diceva, ha il diritto di proscrivere dai culti tutto ciò che potrebbero avere di contrario ai buoni costumi e alle leggi. Per esempio, dovrà vietare il celibato, che è contrario alla natura e ai costumi[247]. La nazione non ha solamente un diritto di sorveglianza morale sui ministri dei culti, è investi-

---

[244] Il 26 gennaio e il 14 febbraio 1792. Aulard, *Société des Jacobins*, tomo III, p. 345 e 374.

[245] *Accord de la Religion et des Cultes chez une nation libre*, di Charles Alexandre De Moÿ, deputato supplente all'Assemblea Nazionale, Parigi, anno IV della Libertà, al presbitero di Saint-Laurent e ai librai che vendono le novità, in 8°, 144 p., (Bib. Naz., Ld⁴ 3831). La prima edizione, su carta da imballaggio, fu seguita pressoché subito da un'edizione in buona carta e in caratteri più fini (110 p.), pubblicata da J.-B. Garney, libraio, rue Serpente, n° 17. Dando retta a un'osservazione delle *Révolutions de Paris* De Moÿ firmò nella seconda edizione «curato di Saint-Laurent». Gli estratti che seguono sono tratti dalla seconda edizione.

[246] P. 3.

[247] P. 16.

ta anche del diritto di ispezione sui loro riti, sulla loro liturgia, sui loro messali. Che non si dica che quest'ultimo diritto viola la libertà di stampa! I libri religiosi non saranno esaminati come libri, ma come formule obbligatorie, come dei regolamenti particolari che «fanno la legge per una certa porzione di cittadini, dei quali essi dirigono non solamente le opinioni, ma anche le azioni[248]».«Ora, una sola legge deve comandare a tutti, la legge nazionale, e nessuna legge particolare può, né ha il diritto di sottrarre alcun cittadino al legittimo impero di quella della nazione.» Di conseguenza, lo Stato può e deve sopprimere quelle scomuniche, quegli anatemi, lanciati contro i cittadini che vendono o acquistano i beni nazionali.

Alla nazione spetta anche legittimamente il diritto di regolare le manifestazioni esteriori dei culti: «La via repubblicana, come la piazza, l'incrocio, la strada, appartiene al pubblico, vale a dire ugualmente e in ogni tempo a tutti i cittadini; essa deve quindi essere sempre libera a tutti e per tutti, ma cesserebbe di esserlo se un privato o una società particolare avesse il diritto di sottrarne anche momentaneamente la destinazione per usi particolari e che gli sarebbero propri.» Altrimenti, sarebbe permettere ai culti privati di trasformare la pubblica via in tempio[249].

E la nazione può giungere sino a regolamentare gli abiti dei ministri dei culti: «Non deve avere altra distinzione nella società e fra i cittadini che quella che la legge stessa vi avrà introdotto . . .». Permettere ai preti di portare degli abiti particolari, sarebbe lasciare loro «altrettanti segni di unione contro la società», senza contare che sul popolo «l'abito è la raccomandazione della più imponente manifestazione che si possa supporre . . .». «Il popolo confonde l'abito con l'individuo, e quell'abito diventa lo spauracchio o l'idolo, che tanto riverisce e altrettanto incensa . . . Lo spirito di San Francesco è nella sua tonaca, lo spirito di San Domenico nel suo abito, lo spirito di San Bernardo è nel suo saio . . .[250]». Per delle ragioni analoghe, lo Stato regolamenterà il suono delle campane: «un suono così rumoroso e che si propaga a distanze così considerevoli che quello delle campane dovrà essere riservato unicamente per gli scopi generali di polizia e quando si tratterà di convocare, di riunire i cittadini per qualche interesse comune . . . [251]»

[248] P. 15.

[249] P. 24. Vediamo che P. Manuel con la sua ordinanze sulle processioni non fece che mettere in pratica i principi di De Moÿ.

[250] P. 37. Il decreto che sopprimerà l'abito ecclesiastico, il 6 aprile, non sarà che la messa in pratica dei principi posti da De Moÿ.

[251] P. 46.

Infine, le sepolture non possono sfuggire alla sorveglianza della nazione. Certamente, ogni cittadino è proprietario del suo corpo e può disporne, scegliere e designare il luogo del suo ultimo riposo. «Ma se non abbiamo previsto alcunché, niente stabilito riguardo al nostro corpo, quando non ci saremo più, e se la nostra volontà non è esplicitata in merito alla nostra sepoltura, allora è la società stessa che vi deve provvedere e occuparsene . . . » Vi sarebbe un vero pericolo sociale nell'affidare alle particolari religioni la cura di seppellire i propri fedeli. In questo caso, in effetti, «le inumazioni saranno tutte liturgiche, tutte nello spirito particolare di tale o tal altro culto, e non offriranno, conseguentemente, agli occhi del popolo, niente di civico, niente relativo alla società; non si potrà dire: «È un cittadino che si seppellisce;» si dirà: «È un cattolico romano, è un luterano, è un ebreo, etc. . .[252] ». «Se fosse così, se vi fossero tante differenti forme di inumazioni quanti differenti culti nel regno, *«la società cesserebbe di essere una* . . .; una linea netta di demarcazione sarebbe tirata da allora tra la società dei morti e la società dei vivi . . . Il cittadino, morendo, sembrerebbe isolarsi e operare uno scisma con la grande società . . .[253]». Era difficile spingere più lontano la passione per l'unità. Sempre logico, De Moÿ proseguiva chiedendo la creazione di un servizio pubblico di funerali, e descriveva i simboli naturalisti che proponeva per decorare le cerimonie funebri. «Curiamo il sonno; morire è addormentarsi per l'ultima volta, addormentarsi senza speranza di risveglio, senza sperare di ritornare a quella lunga vigilia che è la vita . . . [254]».

Ma, riunire tutti i francesi nello stesso cerimoniale funebre non è sufficiente. Bisogna che, da questa vita, si sentano concittadini e fratelli, bisogna che siano in comunione spirituale, in certi giorni, in un comune culto per la Patria. «Come in ogni culto, anche la Nazione ha le sue feste, vale a dire i suoi fasti, i suoi avvenimenti per sempre memorabili che celebra . . . », e De Moÿ delineava a grandi tratti il piano di questa religione nazionale, alla quale voleva subordinare tutte le altre. Secondo lui, la Religione nazionale dei francesi era nata il giorno della Federazione. Prima di quel giorno, il popolo francese aveva già osato chiamarsi Nazione, ma la nazione non esisteva ancora; fino a là nessun patto di famiglia tra i cittadini, nessun nodo che li unisse, nessun giuramento tra le mani gli uni degli altri in segno di unione, in segno di ugua-

---

[252] P. 62.

[253] P. 67. La Comune di Parigi applicherà questo programma dopo il 10 agosto.

[254] Fouché non farà che realizzare la speranza di De Moÿ nella sua famosa ordinanza sui cimiteri.

glianza, a testimonianza, a garanzia di una sincera ed eterna fraternità[255].» La Religione nazionale esiste, non c'è che da perfezionarla e completarla. Bisognerà prima di tutto liberarla dal legame impuro delle altre religioni, renderla del tutto laica: «Quell'altare, sopra al quale voi issate il prete romano con il suo diacono, il suo sotto diacono e tutto il suo seguito di leviti in tunica e in albe, per *dirvi messa*, noi lo chiamiamo altare della Patria. Che cosa! La Francia è dunque un paese d'obbedienza e totalmente sotto la dipendenza del Pontefice rimano, dei suoi cardinali e dei suoi prelati![256]». «Indietro dunque preti! Le cerimonie civiche in futuro saranno presiedute dal magistrato, o l'anziano più venerabile, dal patriarca della città che aprirà la cerimonia con un cantico alla Libertà riscoperta. La gioventù canterà poi il rispetto dovuto alla famiglia e alla città. Degli oratori leggeranno al popolo la storia degli avvenimenti memorabili che hanno fondato la Libertà. Così, la Nazione avrà anche il suo culto, la sua bandiera sotto la quale tutti i francesi, senza distinzione di culto, andranno a riunirsi!». Il culto nazionale, De Moÿ lo spera, rimpiazzerà a poco a poco tutti gli altri. «I fachiri e i bonzi, questi nugoli di individui sterili e ipocriti, avari e malefici, spariranno infine davanti alla Filosofia e alla Ragione, e la rigenerazione sarà completa!»

La portata del libro di De Moÿ fu considerevole[257]. Mai qualcuno aveva ancora formulato con quella chiarezza e con quell'ampiezza il progetto di distruggere il cattolicesimo, rimpiazzandolo. I filosofi si appropriarono delle proposte del curato di Saint-Laurent e persino dei suoi argomenti e dei suoi esempi. La Legislativa non si separerà senza realizzare una parte del suo programma, che doveva essere applicato per intero dalla Convenzione e dal Direttorio.

[255] P. 96.

[256] P. 100.

[257] Ebbe immediatamente una seconda edizione. Il ministro dell'interno, Roland, lo fece distribuire, sembra, nei dipartimenti (*Révolutions de Paris*, n° 135, p. 280). I cattolici costituzionali provarono a confutare il libello e coprirono l'autore di insulti. Vedere: *Lettre d'un vicaire de Paris à Charles-Alexandre de Moÿ ou réflexions sur sa brochure intitulée: De l'Accord de la Religion avec les cultes*, s. d. (datato erroneamente a mano sull'esemplare della Bib. Naz.: 1791), in 8°, 47 p. (Bib. Naz., Ld⁴ 3834); *Réfutation du libelle de M. De Moÿ, curé de Saint-Laurent de Paris, par Jean Fuffray, vicaire de la paroisse de Saint-Germaine-des-Prés*, Parigi, anno IV della Libertà, anno di grazia 1792, in 8° (Bib. naz., Ld⁴ 3835); *Profession de foi de Ch. Alex De Moÿ, député suppléant à l'Assemblée nationale, et curé de la paroisse de Saint-Laurent à Paris, redigée en forme de catéchisme et suivi d'un entretien d'un Paroissien de Saint-Laurent, avec approbation à l'usage de l'Église constitutionelle de France*. A Parigi, Crapart, 1792, in 8°, 60 p., (Bib. naz., Ld⁴ 3836).

I giornali filosofici si impegnarono immediatamente a far conoscere lo scritto del curato di Saint-Laurent. Il *Feuille Villageoise* ne diede lunghi estratti nel suo numero del 15 marzo 1792. Le *Révolutions de Paris* dopo aver complimentato il suo autore, trasse questa conclusione[258]: «Solo tre curati di questa tempra e la speranza di Mirabeau non tarderà a compiersi, la Francia sarà presto *scattolicizzata*. Se avremo questa fortuna, dovremo della riconoscenza a questo deputato supplente che consolerà ben presto l'Assemblea della perdita che dice aver subito nella persona del defunto Cerutti». E il giornale di Prudhomme aggiungeva a seguito di questa riflessione, della quale più di un lettore doveva aver sentito la giustezza: «Quello che noi non concepiamo, è vedere M. De Moÿ dopo la professione di fede che ha appena pubblicamente fatto e con successo nel suo libro *De l'Accord de la Religion et des Cultes*, conciato ancora con una stola, una pianeta, che canta oremus al leggio, e di vedergli *dire messa* ancora all'altare . . . »

Le idee di De Moÿ non tardarono ad essere portate alla tribuna della Legislativa.

Il rapporto di Français (di Nantes) del 26 aprile 1792

Il 26 aprile 1792, Français (di Nantes), a nome del Comitato dei Dodici, diede lettura di un grande rapporto sulle modalità per riportare la tranquillità all'interno del regno[259]. Delineando a suo modo la storia delle religioni, denunciò i crimini dei preti, che avevano alterato la bella semplicità del culto dei primi uomini, per asservire e abbruttire il popolo: «Siamo arrivati al punto in cui lo Stato sia schiacciato da questa fazione o che questa fazione sia schiacciata dallo Stato . . . ». Ma come schiacciare i refrattari? Si proibirà loro l'uso del confessionale, poi si proibirà l'accesso al capoluogo del dipartimento, e infine li si deporterà. Unici, i preti costituzionali potranno d'ora in avanti istruire il popolo nel seggio pubblico e nel seggio segreto». Vale a dire che ci si dovrà limitare a far trionfare questi ultimi? Français (di Nantes) non lo pensa. I preti costituzionali, malgrado tutto, sono dei preti. Avrebbero un gran bisogno di riformarsi essi stessi, e Français (di Nantes) vuole sperare che «un giorno, liberati dai loro avversari, circondati da più luci e meno pericoli, diranno con Thomas Paine: «Tutti i culti che rendono gli uomini buoni, sono buoni». Altrimenti detto, li vede già rifiutare il cattolicesimo per aderire alla religione naturale. Gli applausi unanimi dell'Assembla e delle tribune che salutarono questo augurio dimostrarono che era condiviso dalla maggior parte

[258] Nel numero 135, p. 277 e seg.

[259] Il rapporto è pubblicato per esteso nel *Moniteur* del 28 aprile 1792, ristampa, tomo XII, p. 229 e seg.

dei patrioti.

Ma Français (di Nantes) non conta solamente sui buoni preti per condurre il popolo alla Costituzione, propone tutta una serie di altri rimedi. Vorrebbe che una volta al mese la Legislativa indirizzasse ufficialmente ai cittadini delle istruzioni, dei consigli e dei moniti. «Così i legislatori diventerebbero anche «i precettori del popolo. Le loro periodiche istruzioni *saranno* lette con avidità in tutte le municipalità, in tutte le scuole, in tutti i club. Esse *serviranno* da punto di unione per la divergenza delle opinioni e da controveleno ai prodotti dello spirito di parte. Nello stesso tempo, si obbligheranno le municipalità a «riunire i loro cittadini tutte le domeniche nella casa comune, per leggere loro le leggi che saranno state decretate durante la settimana e dare loro le istruzioni relative alla situazione degli affari generali e alla loro posizione in particolare». Non era tracciato sei anni prima il programma delle riunioni decadarie del Direttorio?

Il rapporto di Français (di Nantes) fu accolto da una «acclamazione unanime», e l'Assemblea ne ordinò l'invio agli ottantatré dipartimenti[260].

Nuovo dibattito sui refrattari

Il 15 maggio, si aprì la discussione sul progetto di decreto che aveva presentato a nome del Comitato dei Dodici. Isnard deplorò, una volta di più l'errore della Costituzione civile del clero, denunciò gli intrighi e i tradimenti della corte, e concluse, come Français, chiedendo la deportazione dei refrattari. All'indomani, Lecointe-Puyraveau, Vegniaud conclusero allo stesso modo, quando il curato di Saint-Laurente, De Moÿ, salì a sua volta sulla tribuna[261]. Mentre i precedenti oratori avevano disapprovato solo di passaggio e senza insistervi l'errore della Costituzione civile, De Moÿ ne fece il centro del suo discorso. Con grande forza dimostrò che la Costituzione civile era in contraddizione con la Dichiarazione dei Diritti, poiché creava in Francia un clero privilegiato. «Una volta – esclamava – si perseguiva come eretico, o perlomeno come scismatico, chiunque si rifiutava di comunicare con il clero romano, oggi chi si rifiuta di riconoscere il prete costituzionale è sospettato, marcato di non civismo o d'aristocrazia. Vi chiedo, signori, se voi aveste nel seno di un impero una società religiosa che, a questo titolo, guardasse il grande Lama come suo legittimo e unico sovrano, la nazione si incaricherebbe, giocherebbe a nominarne i ministri? Dividereste apposta per loro la Francia come una

---

[260] *Moniteur*, ristampa, tomo XII, p. 225.

[261] Aveva preso il posto in sostituzione di Gouvion il 17 aprile 1792.

scacchiera[262]? E De Moÿ concluse chiedendo l'abolizione pura e semplice della Costituzione civile, e proponendo per sostituirla una legge sulla politica dei culti, che avrebbe dato ai cittadini la libertà di scegliere i loro preti. Interrotto dai vescovi costituzionali[263], De Moÿ fu applaudito dalla grande maggioranza dell'Assemblea che ordinò la stampa del suo discorso. Ramond propose di accordare la priorità al suo progetto di decreto, ma allora si verificò uno di quei bruschi capovolgimenti, abbastanza abituali nella Legislativa. Un deputato, il cui nome è sconosciuto, richiamò l'attenzione dei suoi colleghi sui pericoli della mozione che stavano per votare: «Si è cercato di insinuare nel popolo che era nel programma dell'Assemblea costituente *abolire la religione* e che dopo aver paralizzato il vecchio clero, si proponeva di abolire il resto. Allontaniamoci da tutte le misure che tenderebbero accreditare quest'opinione, poiché potremmo aspettarci di avere la guerra civile contemporaneamente alla guerra all'esterno[264]. » Come nel mese di novembre dell'anno precedente, l'assemblea indietreggiò, spaventata davanti al timore che il popolo potesse credere che volesse abolire la Religione, e si rassegnò a mantenere la Costituzione civile. Su proposta di Delacroix, la mozione di De Moÿ fu scartata per la precedente motivazione.

Il dibattito si riaprì il 24 maggio[265]. Il prete costituzionale Ichon presentò la difesa della sua chiesa e mostrò che la separazione reclamata da Ramond e De Moÿ sarebbe stata utile solo ai refrattari, vale a dire ai nemici della Rivoluzione. Becquet gli oppose la tesi della separazione. Per legittimare le misure eccezionali contro i refrattari, Larivière invocò l'autorità di Rousseau e diede lettura del suo capitolo sulla religione civile. Ramond replicò che il *Contratto sociale* non è «da intendersi come tutti i libri», e si scagliò con forza contro la deportazione dei preti per autorità amministrativa. «È così che fece Luigi XIV contro i giansenisti.» Gaudet denunciò i «sofismi» di Ramond, descrisse «l'insurrezione generale dei refrattari», parlò della «voce del popolo». Ra-

---

[262] *Discours et projet de décret concernant les ministres des cultesI*, di Demoy (sic), deputato del dipartimento di Parigi, il 15 [errore: il 16] maggio 1792, anno IV della Libertà, stampato per ordine dell'Assemblea nazionale. In una raccolta fittizia n° 13 (Bib. naz., Le[33] 3 N). Il verbale del *Moniteur* (ristampa, tomo XII, 407) differisce dal testo ufficiale solo per delle varianti poco importanti.

[263] Le Coz lo interruppe in questi termini: «È impossibile che l'Assemblea ascolti con sangue freddo simili principi. Il richiedente parla contro la Costituzione».

[264] *Moniteur*, ristampa, tomo XII, p. 408.

[265] Lo riassumo dal *Moniteur*.

mond volle rispondere, ma la maggioranza aveva fatto la sua scelta, la discussione fu chiusa e votata la deportazione dei preti refrattari[266].

Ancora una volta la Costituzione civile del clero, condannata in principio dalla maggioranza dei deputati, era stata mantenuta unicamente per considerazioni politiche. Ma, ogni giorno, il fossato si faceva un po' più profondo tra i filosofi e il clero costituzionale, poiché, ogni giorno, si faceva più evidente l'impotenza di questo clero nel difendere la Rivoluzione.

Il comitato di istruzione pubblica e la propaganda civica. Condorcet

Il Comitato di istruzione pubblica aveva ricevuto l'incarico di riprendere la missione dove il clero costituzionale aveva fallito, di organizzare nello stesso tempo l'educazione dei bambini e l'istruzione civica del popolo. Nel momento stesso in cui il dibattito sui preti si stava aprendo, il 20 e il 21 aprile 1792, Condorcet diede lettura, a nome di questo Comitato, del suo celebre rapporto «sull'organizzazione generale dell'istruzione pubblica[267]». Si era ben guardato dal dimenticare che le feste nazionali erano una branca dell'educazione del popolo: «Le feste nazionali, ricordando agli abitanti delle campagne, ai cittadini delle città, le epoche gloriose della libertà, consacrando la memoria degli uomini le cui virtù hanno onorato la loro vita, celebrando le azioni di devozione o di coraggio delle quali essa è stata teatro, insegneranno loro ad avere cari i doveri che avremo loro fatto conoscere[268]». Più che sulle feste civiche,

[266] Il re oppose il suo veto a questo decreto, come a quello di novembre. I separazionisti continuarono la loro propaganda con la stampa e con i pamphlet. Il *Révolutions de Paris* analizzò con elogi la «saggia mozione del curato Moÿ» (n° 149, 12-19 luglio 1792). Un certo Philippe Raynal, di Tolosa, riprese la sua argomentazione in un opuscolo intitolato *Opinions d'un citoyen français sur la liberté religieuse et sur les moyens de l'affermir sans danger, adressée à l'Assemblée nationale*, s.d. (L'esemplare della Bib. naz. Porta erroneamente a mano la data del 1791, in 8°, Bib. naz. Lb³⁹ 4574). Le stesse idee sono sviluppate in *La religion du souverain* che Barbier attribuisce a De Moÿ stesso (Parigi, 1792, in 8°, Bib. naz Ld⁴ 7431).

[267] J. Guillaume, *Procès-verbeaux du Comité d'instruction publique de la Législative*, 1889, in 8°, p. 188 e seg.

[268] J. Guillaume, *ibid.*, p. 192. Il Comitato di istruzione pubblica decise lo stesso giorno, 21 aprile, di sottomettere alla Legislativa un progetto di decreto relativo alle feste nazionali (J. Guillaume, p. 250). All'epoca della loro riorganizzazione, l'11 maggio 1792, una delle sezioni del Comitato doveva occuparsi in particolare delle feste nazionali (*id*, p. 291, nota 3). All'indomani, 12 maggio, il relatore del Comitato, Quatremère, sottoponendo alla Legislativa un progetto di decreto sulla festa di Simo-

Condorcet contava sulle conferenze popolari per far capire i loro errori ai cittadini e insegnare loro le virtù patriottiche. Ma mentre Lanthenas si indirizzava per organizzare queste conferenze alle società popolari e Français (di Nantes) alle municipalità, Condorcet reclamava lo stesso servizio dai maestri. Il suo progetto di decreto conteneva un articolo così concepito:

«Tutte le domeniche, il maestro terrà una lezione pubblica alla quale i cittadini di tutte le età, e soprattutto i giovani che non hanno ancora prestato il giuramento civico, saranno invitati ad assistere.

Queste lezioni avranno come oggetto:

1°. Di ricordare le conoscenze acquisite a scuola;

2°. Di sviluppare i principi della morale e del diritto nazionale;

3°. Di insegnare la Costituzione e le leggi la cui conoscenza è necessaria a tutti i cittadini e, in particolare, quelle che sono utili ai giurati, ai giudici di pace, agli ufficiali municipali, di informare e spiegare le nuove leggi che interessa loro conoscere[269]».

Quando ristamperà la sua relazione nel 1793, Condorcet darà al suo pensiero una forma più precisa. Scriverà allora che le conferenze settimanali fatte dai maestri avrebbero avuto soprattutto l'utilità di preservare il popolo «dagli stregoni e da coloro che raccontavano miracoli». «Vorrei anche – dice – che i maestri ne facessero di tempo in tempo qualcuno [dei miracoli] nelle lezioni settimanali e pubbliche: un'anatra di vetro che va a cercare un boccone di pane che le si porge con un coltello, la risposta a una domanda da far trovare in un libro bianco, il fuoco che esce alla fine di una picca, un rogo che si accende innaffiando la vittima, il sangue che si liquefa, i miracoli di Elia o di San Gennaro e mille altri di questa specie non sarebbero né costosi né difficili da ripetere. Questo modo di distruggere la superstizione è dei più semplici e dei più efficaci[270]».

neau, aggiungeva: «Incaricato da voi di presentarvi un codice di istruzione universale, il Comitato di istruzione pubblica non ha dimenticato che le cerimonie civiche sono la lezione di tutti gli uomini e di tutte le età; che queste feste periodiche, istituite in tutto l'impero in momenti consacrati ai grandi avvenimenti, sono i più forti strumenti che si possano impiegare sull'anima per portare all'amore a all'imitazione di tutto ciò che è bello. Esso sa che questi periodi solenni devono diventare con il tempo il più forte appoggio per la Costituzione, che è soprattutto nella morale di questa Costituzione che devono appoggiarsi gli elementi di queste nobili istituzioni. Noi proporremo, pertanto, delle feste in onore della Libertà e delle altre in onere della Legge, vere divinità dell'uomo libero . . . » J. Guillaume, *ibid.*, p.284.

[269] Art. VII del titolo II. J. Guillaume, op. cit., p. 228.

[270] J. Guillaume, op. cit., p. 194, nota. Già nel suo progetto del 1792, Condorcet aveva escluso in modo assoluto i religiosi dall'insegnamento.

Così la propaganda civica con le conferenze popolari non tarderà a diventare un'arma nelle mani dei scristianizzatori.

Progetti di feste civiche concepiti da privati

La Legislativa si separò prima che il suo Comitato di istruzione pubblica le ebbe sottomesso un progetto di decreto per organizzare le feste nazionali. Ma l'idea che la Patria doveva avere le sue solennità distinte da quelle religiose e che queste solennità sarebbero state una scuola di civismo e di fraternità, faceva la sua strada.

Dall'aprile 1792, semplici cittadini inviarono all'Assemblea dei progetti di feste patriottiche, come quello di Duport-Roux, cittadino attivo di Romans, che così scriveva al presidente della Legislativa, il 27 aprile 1792:

«... La tolleranza religiosa, di cui la ragione fa un precetto, è uno degli articoli della carta costituzionale.

Il luterano, il calvinista non possono essere obbligati a lasciare i loro templi, né l'ebreo a uscire dalla sua sinagoga per spergiurare nelle chiese.

Il non conformista non mischierà la sua gioia a quella del conformista, perché le loro religioni hanno qualche differenza?

L'assemblea nazionale si sta occupando, sembra, di un modo di festeggiare e di ringraziamento che possa essere comune a tutti i cittadini, che non lasci intravedere la diversità dei credo o l'uniformità esclusiva di un culto, rispettando la libertà delle coscienze, sproni il patriota a prendere il volo.

Ecco ciò che sottopone all'Assemblea legislativa un cittadino che ama veramente la sua patria, e che temendo tutto ciò che può dividere gli animi, desidera con passione ciò che tende a unire i sentimenti.

I direttori dei distretti indicheranno ad ogni festa un luogo di riunione in ogni cantone.

Le municipalità vi si recheranno con la sciarpa, in mezzo alle loro rispettive guardie nazionali sotto le armi.

Un fuoco di fascine che sarà stato preparato, sarà acceso dai sindaci e dagli ufficiali municipali di ogni comune.

Questa cerimonia sarà preceduta da questa invocazione che il sindaco decano, che non sarà ministro di alcun culto, rivolgerà all'Essere supremo:

«Padre comune degli uomini, che avete creato fratelli, ricevete l'omaggio dei vostri figli e spargete su di loro lo spirito della verità, della giustizia e della pace.»

Mentre il fuoco brucerà, i cittadini in circolo, accompagnati da strumenti musicali, canteranno i diciassette articoli della Dichiarazione dei Diritti ... [271]».

---

[271] Archivio nazionale, F^{17} 1065.

Nello stesso periodo, il «signor Poyet, architetto della città di Parigi», in un *Projet de cirque national et de fêtes annuelles*[272], chiedeva a sua volta l'istituzione delle feste civiche a salvaguardia del nuovo regime:

«Bisogna che l'impero dei costumi si unisca a quello delle leggi, bisogna che l'uomo apprenda ad amare come a conoscere i benefici di una buona legislazione; bisogna che nello spirito pubblico si formi e si determini con tanta rapidità quanta energia il sentimento di bene comune e il generale amore della prosperità pubblica . . . Se i nostri costumi restano gli stessi, se il popolo non si istruisce, avremo costruito sulla sabbia un edificio imponente ma poco solido . . . Nulla è meglio a questo scopo dell'istituzione delle feste pubbliche. In seno ai grandi raduni che creano, i cittadini si uniscono, si giudicano, si conoscono, una benevolenza comune di anime, l'immaginazione si esalta, il coraggio si alza, l'anima si apre all'amore della cosa pubblica e a quello dei propri simili . . . »

Un curato filosofo, che finirà nella teofilantropia, Charles Chaisneau, curato di Plombières, vicino a Digione, proponeva, per far nascere i buoni cittadini, gli eroi, di organizzare un sistema graduato di ricompense nazionali, che sarebbero state loro assegnate in cerimonie solenni[273]. Nel Pantheon dei suoi sogni, dispone un dittico nazionale, un catalogo ragionato dei grandi uomini che la Francia ha prodotto dall'inizio della monarchia e durante la Rivoluzione. Vicino al dittico, sull'altare della Patria, mette «una statua che schiaccia ai suoi piedi il mostro del fanatismo e della superstizione. In una mano tiene delle catene spezzate, nell'altra distribuisce corone civiche . . . »

Chaisneau, Poyet, Duport-Roux non furono certamente gli unici a richiedere con le loro voci l'organizzazione definitiva del culto civico i cui elementi già esistevano spontaneamente. Il loro esempio ci mostra a quali profondità le concezioni degli uomini politici erano penetrate. C'era già da prevedere che se questi avessero esitato ad arrivare fino in fondo, ad alzare contro il cattolicesimo la religione rivoluzionaria, il popolo patriota li avrebbe superati e sarebbe comunque andato avanti.

Progetto di Ghoier sullo stato civile

Ma al momento in cui siamo, i legislatori non hanno ancora imparato a diffidare dell'opinione pubblica. Piuttosto la precedono e le servono da guida. Il

[272] *Projet de cirque national et de fêtes annuelles proposé par le sieur Poyet, architecte de la ville de Paris*, 1792, 24 p., (Bib. de la Ville de Paris, 12.272).

[273] *Le Panthéon français, ou discours sur les honneurs publics décernés par la Nation à la mémoire des grands hommes*, Digione, 1792, in 8°, 15 p, (Bib. naz., Lb[20] 5958).

19 giugno 1792, al momento della discussione sulla laicizzazione degli atti di stato civile, il deputato Gohier, in un discorso alquanto studiato, propose di rivestire con un cerimoniale civico la costatazione dei battesimi, dei matrimoni e dei decessi. Se il suo progetto di decreto fosse stato adottato e messo in pratica, la religione rivoluzionaria sarebbe stata provvista di un culto ufficiale dal 1792.

All'altare della vecchia religione, Ghoier oppone l'altare della nuova religione, l'altare della Patria, che ogni comune sarebbe tenuto a costruire su un modello uniforme. Davanti all'altare della Patria, sul quale sarà letta la Dichiarazione dei Diritti, il cittadino «sarà condotto in ciascun specifico momento della sua vita». Vi sarà portato alla sua nascita, vi andrà a ricevere le armi a 18 anni, si farà iscrivere sulla lista dei cittadini a 21 anni, vi si sposerà, il suo cadavere infine vi sarà portato per le esequie civiche. In breve, la Patria avrà i suoi sacramenti come la Religione. Tutto ricorderà al cittadino «che nasce per la sua patria, che deve vivere, che deve morire per essa». La Patria, come una volta la Religione, prenderà l'uomo tutto intero, lo plasmerà corpo e anima. «Lo spettacolo di un bambino – spiega Ghoier – coinvolge l'anima meno sensibile, quello che offre l'unione di due sposi che si giurano reciprocamente amore e fedeltà non ispira minor interesse, e il più barbaro si intenerisce alla vista anche di un nemico che muore. La cerimonia lugubre di un convoglio, ricordando all'uomo la sua ultima fine, l'associa, per così dire, al lutto della famiglia del defunto. Nobilitiamo tutte le sensazioni che prova il cuore in queste diverse situazioni; *impregniamole*, se mi è permesso di esprimermi così, *di una tinta civica*; approfittiamo dell'istante in cui l'animo è così agitato, per infondergli le virtù che devono renderlo grande, che devono elevarlo al di sopra di se stesso[274]».

Ghoier non si limitava a esprimere delle vedute generali. Tratteggiava per ciascuno dei principali atti della vita del cittadino tutto un cerimoniale civico improntato al cerimoniale cattolico.

Per le *nascite*, i «magistrati del popolo», facevano le funzioni di prete, non iscrivevano il bambino sui registri dello stato civile senza prendere l'impegno solenne, in nome della Patria, di liberarlo dalla servitù, dall'ignoranza procurandogli un'istruzione degna di un uomo libero. A sua volta, il padre del bambino, o il suo padrino, prendeva l'impegno, in nome del nuovo cittadino, di essere fedele alla Nazione, sottomesso alla Legge e rispettoso delle autorità costituite. La cerimonia terminava con il grido di :«Vivere libero o morire!».

A diciotto anni, il giovane sarà nominato guardia nazionale e farà come un comunione civica. Tutti gli anni, all'epoca memorabile del 14 luglio, i veterani condurranno all'altare della Patria i giovani cittadini con l'età richiesta. Là, i magistrati ricorderanno loro che la forza armata è creata unicamente in aiuto

---

[274] Discorso di Ghoier, dal *Moniteur*, ristampa, tomo XII, p. 708.

alla legge, «che non ricevono le armi se non per difenderla», etc. Uniranno alle loro esortazioni patriottiche dei consigli di morale. La stessa cerimonia sarà ripetuta a 21 anni, al momento dell'iscrizione civica. Tutti gli astanti ripeteranno il loro giuramento di *vivere liberi o di morire.*

Per i *matrimoni,* le pubblicazioni saranno fatte davanti all'altare della Patria, Sempre davanti all'altare della Patria, gli sposi saranno uniti dai magistrati. Annunceranno loro stessi «che i più dolci sentimenti della natura non fanno dimenticare loro che prima di essere l'uno dell'altro, appartengono alla Patria», e suggelleranno il loro «voto matrimoniale» con il grido di *vivere liberi o morire.*

La Patria, infine, riserverà ai morti gli *onori funebri.* Ogni cittadino, dopo il suo decesso, sarà portato al suo altare. Il corteo sarà degno di un uomo libero. Dei discorsi ripercorreranno la vita del defunto e ricorderanno i titoli che potrà avere nei confronti della riconoscenza pubblica. La Legislativa ascoltò senza brontolare il progetto di Ghoier, lo accolse «con numerosi applausi» e ne ordinò la pubblicazione. Otto giorni dopo, il 26 giugno 1792, ne adottava l'articolo essenziale e decretava che «in tutti i comuni dell'Impero, *sarà* eretto un altare della Patria, sul quale *sarà* incisa la Dichiarazione dei Diritti con l'iscrizione: *il cittadino nasce, vive e muore per la Patria».* Sempre per decreto, il Comitato di istruzione pubblica era incaricato degli altri articoli del progetto e di cercarne i relativi mezzi di esecuzione.

Il decreto del 20 settembre 1792

Il Comitato di istruzione pubblica non diede alcun seguito alla mozione che le era stata rinviata ma, nella sua ultima seduta, la Legislativa promulgò la laicizzazione degli atti di stato civile, e nello stesso tempo istituiva il divorzio. Questi due grandi decreti, che si completano, portano il colpo più sensibile al clero costituzionale. La separazione della Chiesa e dello Stato, così sovente rimandata per delle ragioni di opportunità, si operava perlomeno nello specifico, e il fossato si faceva più profondo tra la Patria e la Religione. Togliere gli atti di stato civile ai preti, ha detto giustamente Jaurès[275], era «uno dei provvedimenti più profondamente rivoluzionari che erano stati decretati. Attingeva al più profondo della vita sociale. Cambiava, se posso dire, la base stessa della vita. E quale potente simbolo di quel grande rinnovamento nel trasporto in massa di tutti i registri tolti alla chiesa e portati alla casa comune, in questa generale chiusura dei vecchi registri e nell'apertura dei registri nuovi dove le nuove generazioni saranno come liberate da ogni contatto del prete!».

[275] J. Jaurès, *Histoire socialiste, La Convention,* tomo I, p. 227.

VII

Il 10 agosto e la scristianizzazione

Dopo il 10 agosto, il movimento anticlericale aveva preso una forza e un'ampiezza crescenti.

A. La Comune. La Comune rivoluzionaria cominciava obliquamente l'opera di scristianizzazione e l'Assemblea seguiva.
All'indomani della sommossa, «per le lamentele fatte da numerosi cittadini per *l'estorsione* fatta dal clero costituzionale[276]», deliberava la soppressione della causale. Istituiva con la stessa ordinanza l'uguaglianza dei funerali e sopprimeva i sacrestani e le loro panche, etc. Questo non era che il preludio. Una considerazione dell'ordinanza lasciava intravedere il secondo fine di scristianizzazione: «Considerando che in un paese libero, ogni idea di superstizione e di fanatismo deve essere distrutta e sostituita dai sentimenti di una sana filosofia e da una morale pura . . . ». Il 17 agosto, con una nuova ordinanza, la Comune requisiva il bronzo delle chiese «per la difesa della Patria». «Tutti i simulacri bizzarri che non devono la loro esistenza che alla furberia dei preti e alla credulità del popolo . . . , tutti i crocifissi, leggii, angeli, diavoli, serafini, cherubini di bronzo, saranno impiegati a fare dei cannoni. Le inferiate delle chiese serviranno a fare delle picche[277]». Il 30 settembre, la sezione di Mirabeau cambiava il nome delle strade che ricordavano l'aristocrazia o il fanatismo. La rue d'Artois diventava rue Cerutti; la rue de Provence, la rue Franklin; la rue Taitbue, la Brutus; la rue Chatereine, la rue della Liberté; la rue Saint-Georges, la rue Guillaume-Tell; la rue Saint-Lazare, la rue des Belges; la rue dei Martyrs, la rue Régulus, etc[278].

B. La Legislativa. L'Assemblea non restava indietro alla Comune. Con minor violenza nella forma, portava a termine lo stesso compito.
Già, il 19 luglio 1792, aveva tolto ai vescovi costituzionali i loro palazzi epi-

---

[276] Conosco l'ordinanza solo da Jaurès, *La Convention*, tomo I, p. 14. Non ho potuto mettere le mani sul testo ufficiale.

[277] J. Jaurès, *La Convention*, tomo I, p. 15.

[278] Vedere l'ordinanza in *Révolutions de Paris* dal 10 al 17 novembre 1792.

scopali, che erano stati messi in vendita per profitto della nazione[279].

Il 14 agosto, su proposta di Delacroix e di Thuriot, incaricò la Comune di Parigi di convertire in cannoni il bronzo dei templi e dei monumenti nazionali. Lo stesso giorno revocò l'editto di Luigi XIII per la processione del 15 agosto. Lo stesso giorno ancora, ascoltava uno dei suoi membri, Lejosne, denunciare con veemenza gli ostacoli opposti da certi vescovi al matrimonio dei preti[280].

Il 18 agosto soppresse le ultime congregazioni ancora esistenti e, in questa occasione, rinnovò la proibizione dell'abito ecclesiastico già decretata il 6 aprile[281].

Il 28 agosto, ammetteva alla sbarra una deputazione di giacobini che andava a offrire alla Patria la statua di Saint-Roch in argento e ascoltava dall'oratore della deputazione questo discorso hebertista: «Le diverse confraternite formavano nell'impero gli anelli di quella catena a causa della quale il popolo era schiavo; noi le abbiamo rotte e ci siamo associati alla grande confraternita degli uomini liberi. Noi abbiamo invocato il nostro Saint-Roch contro la peste politica che ha fatto tante devastazioni in Francia. Non ci ha esauditi. Abbiamo pensato che il suo silenzio fosse relativo alla sua forma. Ve lo portiamo perché sia convertito in moneta. Concorrerà, probabilmente, sotto questa nuova forma, a distruggere la razza pestifera dei nostri nemici[282]».

Il 7 settembre, infine, la Legislativa convertiva in decreto l'ordinanza della Comune di Parigi e proibiva agli ecclesiastici salariati dallo Stato di riceve-

[279] Decreto del 19-25 luglio 1792.

[280] «Denuncio un libello intitolato: *Instruction pastorale sur la continence des ministres de la religion,* di M. Gratien, vescovo del dipartimento della Seine-Inférieure. Ha già reso fanatici un gran numero di cittadini, soprattutto nelle campagne. Un curato di quel dipartimento è sfuggito dall'essere vittima del furore dei suoi parrocchiani perché era stato così virtuoso da prendere moglie. Chiedo che il ministro della giustizia ordini ai tribunali di perseguire il vescovo del dipartimento della Seine-Inférieure. Chiedo, inoltre, che tutti i ministri che pubblicheranno degli scritti contrari alla Dichiarazione dei Diritti dell'Uomo e alle leggi siano privati del loro trattamento.» L'assemblea rinviò al Comitato di legislazione le proposte di Lejosne. *Moniteur,* ristampa tomo XIII, p. 420.

[281] Decreto del 18 agosto 1792, tit. I, art. 9.

[282] Dal *Journal des Débats et décrets,* citato da Ludovic Sciont, *Histoire de la Constitution civile du clergé,* tomo III, p. 223.

re una causale, sotto qualunque denominazione fosse[283].

Nello stesso tempo, il ministro degli interni, Roland, organizzava un ufficio dello «spirito pubblico» per diffondere il tutta la Francia la buona parola della filosofia, e l'Assemblea metteva a sua disposizione centomila lire per questa propaganda[284]. In tutta la Francia, conformemente alle istruzioni del ministro, le municipalità patriote e i club moltiplicarono l'ardore nel catechizzare il popolo[285].

La situazione alla fine della Legislativa

In breve, quando la Legislativa si separò, la rottura definitiva tra la Chiesa e lo Stato sembrava ogni giorno più imminente. Ma sembrava anche che questa rottura non sarebbe stata puramente negativa. Separandosi dalla Religione, lo Stato rivoluzionario intendeva salvare il carattere religioso e ogni giorno inoltre si sforzava di indirizzare verso il nuovo ordine sociale la fede che andava in altri tempi al vecchio. Dopo Varennes, la religione della Patria si era singolarmente fortificata e precisata. Lanthenas, De Moÿ, Condorcet, Français (di Nantes), Ghoier nei loro progetti di propaganda, di istruzione, di feste civiche avevano in realtà tratteggiato il piano di un organismo civico-religioso destinato a difendere e far amare la nuova istituzione politica. Il clero costituzionale, battuto in breccia, scoraggiato, ridotto, si ritirava dalla Rivoluzione. Gli oratori dei club, «i propagandisti della ragione» prendevano il posto che esso abbandonava e le loro feste civiche, le loro conferenze popolari, le loro missioni patriottiche diventavano altrettante assemblee religiose, dove la folla veniva comunicata nella Patria.

Lo stesso Robespierre, che aveva tanto resistito alla corrente filosofica, in

---

[283] Decreto del 7-14 settembre 1792.

[284] Decreto del 18 agosto 1792. I montagnardi accusarono più tardi Roland di sovvenzionare con questo denaro gli scrittori girondini. Il 12 dicembre 1792, ai giacobini, Châles denuncerà l'ufficio della formazione dello spirito pubblico, creato per indirizzare le opinioni. Basire dirà che una simile istituzione «era contraria alla libertà delle opinioni religiose, poiché creare un tale ufficio con il denaro dei cittadini, era forzare i cittadini a pagare delle opere che non approvavano». Aulard, *Société des Jacobins*.

[285] Il 16 settembre 1792, i municipali di Neufchâtel (Seine-Inférieure) scrivevano a Roland che la giornata del 10 avendo causato un *terribile fermento* negli animi, avevano deciso di fare tutti giorni, alle sette di sera, istruzione al popolo nella Chiesa de L'Hôpital Saint-Thomas, per chiarirlo sui suoi doveri e per rassicurarlo su tutte le menzogne di cui si servono per ingannarlo e suscitargli timori». (Arch. Naz. F[lc] III, Seine-Inférieure).

quel momento sembrava anch'egli voler portare il suo contributo al culto patriottico. Il 14 agosto 1792, alla testa di una deputazione della sezione di piazza Vendôme, andò a chiedere alla Legislativa l'erezione di una piramide ai morti del 10 agosto: «Affrettatevi – esclamò – a onorare le virtù di cui abbiamo bisogno *immortalando i martiri della Libertà*. Non sono solo onori, è un'apoteosi che dobbiamo loro [286]...»

La festa funebre ai morti del 10 agosto, che fu celebrata il 26 dello stesso mese nel giardino delle Tuileries, attirò una folla immensa[287].

Il 4 novembre ancora, la sezione del Theâtre-Français, celebrava nel locale dei cordiglieri «una cerimonia repubblicana in memoria dei bravi cittadini, dei generali marsigliesi e dei federati dei dipartimenti morti gloriosamente nella memorabile giornata del 10 agosto 1792[288]». Momoro presiedeva. Anaxagoras Chaumet (sic), che pronunciò l'elogio funebre, lo chiuse con un'invocazione finale alla Natura di tono tutto panteista: «Sono entrati nel seno materno della terra, quelli di cui noi oggi coroniamo la tomba. O Natura! Non posso qui srotolare l'immenso volume dei tuoi sublimi misteri! ... O Natura! O madre! ricevi in questo momento il tributo di omaggi che io ti do ... Terra libera! Terra natale! Prepara i tuoi dolci odori, riscalda nel tuo seno il germe dei nuovi fiori, affinché al ritorno degli zefiri, noi possiamo disseminarne la tomba dei nostri fratelli; ma nell'attesa di quella gloriosa epoca, amici, formiamo dei cori; è con dei canti di allegria che si celebra la memoria dei difensori della paria ... »

A leggere simili brani si sente che i tempi del culto della Ragione sono vicini.

E tuttavia trascorrerà ancora un anno prima che il culto rivoluzionario venga in piena luce, e con Chaumette e Fouché e i rappresentanti in missione, si sforzi di abolire il cattolicesimo. È che i rivoluzionari, uniti nel principio della necessità di istituire intorno alla Patria un organismo di natura tale da proteggerla e farla amare, non sono ancora tutti convinti della necessità di sostituire interamente questo culto civico alla vecchia religione, che sarebbe radicalmente abolita. Gli opportunisti, gli uomini di Stato, con Robespierre, Danton, Desmoulins, per timore dei sentimenti popolari, si oppongono, per quanto possono, alla scristianizzazione violenta e risparmiano il clero costituzionale del quale ritardano la caduta definitiva. Non è che dopo il 13 maggio,

---

[286] *Moniteur*, ristampa tomo XIII, p.424.

[287] Vedere in Tournex, *Bibliographie* tomo I, p. 286, l'indicazione di tutta una serie di documenti concernenti questa cerimonia.

[288] Se ne troverà il verbale stampato in una raccolta fittizia della Bib. de la Ville de Paris, 12.272.

quando troveranno le mani dei preti costituzionali nell'insurrezione girondina, che i montagnardi non esiteranno più.

Allora, come ha detto molto bene Aulard, «l'esperienza ha provato che la repubblica montagnarda» non poteva contare sulla Chiesa costituzionale, parecchi ministri della quale hanno fatto causa comune con i girondini, per i federalisti. Tutto il clero costituzionale sembra ostile alla politica unitaria della Montagna; tutto il clero costituzionale diventa, agli occhi dei sanculotti, il nemico, e decisamente il popolo trova che questo clero non è meglio dell'altro, e che i costituzionali girondini sono tanto pericolosi per la patria quanto i refrattari complici del re e degli emigrati. Ieri, si opponevano i buoni preti ai cattivi preti, oggi credono di vedere che non ci sono, che non ci sono più dei buoni preti. La religione cattolica ne è screditata nell'animo dei patrioti militanti. Se il culto è l'ostacolo alla difesa nazionale, ebbene, aboliamo il culto![289]».

---

[289] Aulard, *Histoire politique de la Révolution*, p. 468-9.

Conclusione

Mi sia permesso di concludere questo studio, per incompleto che sia, con qualche conclusione.

1°. I culti rivoluzionari non furono delle costruzioni posticce, degli espedienti del giorno che gli stessi che li immaginavano li prendevano poco sul serio. Furono in realtà l'espressione sensibile di una vera religione, nata dalla filosofia del XVIII secolo e sbocciata nei primi anni della Rivoluzione

2°. La nuova religione, dopo essere cresciuta confusamente, cominciò a prendere coscienza di se stessa e a separarsi dalla vecchia dopo la sconfitta della Costituzione civile del clero. È la sconfitta della Costituzione civile che diede ai rivoluzionari l'idea di rompere con il cattolicesimo rimpiazzandolo e sostituendogli il culto civico i cui elementi esistevano sparsi. Bisogna cercare l'origine del culto della Ragione nei numerosi progetti di feste civiche, di propaganda patriottica formulati in gran numero dall'epoca della Legislativa.

3°. L'idea di separazione della Chiesa e dello Stato è un'idea corrente tra i patrioti dal 1791, ma non è un'idea veramente laica. Vicino a delle rare eccezioni, i rivoluzionari rimangono degli uomini dell'ancien régime, innamorati prima di tutto dell'unità. La concezione di uno Stati neutro, indifferente alle religioni, è loro estranea. Lo Stato ideale che immaginano dopo Rousseau, è lo Stato antico, lo Stato sovrano nel pieno senso della parola, lo Stato guardiano della virtù e strumento della felicità. Per lo Stato nuovo che costituiscono, esigono lo stesso rispetto, la stessa venerazione che circondavano il vecchio, e traspongono il cattolicesimo nei loro culti civici.

Sommario

www.ingramcontent.com/pod-product-compliance
Lightning Source LLC
Chambersburg PA
CBHW032011040426
42448CB00006B/586